Como Latina inmigrante en los Estados Unidos me emociona saber que el libro Del Diálogo Interno al Diálogo con el Alma *estará al alcance de mi comunidad en América Latina. Este libro será un bálsamo revelador, que sin duda ayudará a los lectores a extirpar las creencias que los limitan en el camino al éxito y la prosperidad.*
—**Adriana Aristizábal, fundadora & CEO de iVoice Communications**

Una obra profunda y reveladora que despliega en forma práctica herramientas para diferenciar la voz del ego de la voz de tu verdadero ser interior. En estas páginas, Russell manifiesta la maestría con la que ayudó a miles de individuos alrededor del mundo a catapultar sus carreras profesionales, relaciones, y bienestar, a niveles antes impensados.
—**Valeria Aloe, MBA. Emprendedora, Conferencista, y Autora del premiado libro** Uncolonized Latinas

Del Diálogo interno al Dialogo con el Alma, *es mucho mas que un libro, es una obra maestra que nos lleva a un viaje interno dentro de nosotros.*

El autor en forma práctica y amena nos entrega a través de sus experiencias y conocimientos, claves y dinámicas para llevarnos a la gran revelación .... quien soy!
—**Gabriela Mieri Ruzette, Directora Seminarios Insight Iberoamérica**

Hace más de 35 años, fui expuesto por primera vez al método de Russell Bishop para generar una vida resaltante... y la experiencia me cambió para siempre.

Este libro es un verdadero regalo de sabiduría, conteniendo todo el conocimiento necesario para alinearnos con el saber de nuestra alma y así poder crear vidas plenas, tanto de éxito interno como de éxito externo.
—**Peter Felsmann / Fundador & Gerente General / Perform Productivity Solutions**

Durante décadas Russell ha sido un punto de referencia para miles de personas. En este libro describe de manera clara, práctica y magistral una guía hacia el despertar personal. Esta no es solo una buena lectura, es una herramienta de consulta para conectarte más profundamente y vivir desde el poder de quien realmente eres.
—**John Marin - Fundador y Director General de NEO Consultoría**

Del Diálogo Interno al Diálogo con el Alma *es un recorrido por las enseñanzas que recibí hace más de 35 años en Seminarios Insight ®. Leer este libro me hizo revisar y profundizar los principios primarios que elegí como un estilo de vida y me engancharon para facilitar estas enseñanzas en habla hispana y portuguesa. Russell Bishop de una forma brillante y única, nos muestra cómo podemos iniciarnos en el camino de la consciencia proporcionándonos un mapa para obtener el tesoro más grande que podemos alcanzar:* "regresar a quien realmente somos en esencia y manifestar nuestro máximo potencial".
—**Jacques Giraud Herrera. Autor de Super-Resiliente. Facilitador de Seminarios Insight.**

Para alguien como yo, que hace más de 30 años practica las magníficas enseñanzas que Russell nos entrega con tanta generosidad, el libro Del Diálogo Interno al Diálogo con el Alma, *se convierte de aquí en más, en una hoja de ruta indispensable para continuar el camino. Para quien aún no ha tenido la bendición de conocerlo, se abre aquí una oportunidad para elegir conscientemente ir por la vida que merece vivir. Claro, contundente, práctico, simple y profundo a la vez, se convierte en una fuente constante de inspiración en cada página.*
—**Germán Beines. Facilitador de Seminarios Insight, Conferencista, autor del libro *Andá y Hacelo***

Del Diálogo Interno al Diálogo con el Alma *aporta a nuestra vida cotidiana un tipo de sabiduría eterna al mostrar conocimientos prácticos y herramientas simples y confiables que nos ayudan a despertar nuestro verdadero ser.*
—**Arianna Huffington, fundadora & CEO de Thrive Global**

¡Una obra maestra a través de la cual Russell te guía hacia una conexión más profunda contigo mismo para desbloquear mucho más potencial del que creías tener. Es una invitación a explorar, profundamente, en un viaje de auto reflexión que transformará tu vida en todos los sentidos. ¡Es definitivamente un libro que no puedes perderte!

—**Marshall Goldsmith, autor más vendido del New York Times con** *Triggers* **(Desencadenantes),** *Mojo* **(Encanto) y** *What Got You Here Won't Get You There* **(Lo que hiciste para llegar hasta aquí no te llevará hasta allí)**

Conozco a Russell Bishop desde hace más de cuarenta años; nos hemos reído, sentimos gran aprecio, nos hemos asociado, discutido y aprendido el uno del otro. De manera personal, he experimentado, prácticamente, todo lo que Russell ha dicho y sugerido en este libro, que puedo validar, de todo corazón, como perspectivas y ejercicios que me han servido, de igual manera, en el eterno camino hacia la autoconciencia. Por mi experiencia de haber vivido incontables horas observando sus sesiones de capacitación, entrenamiento y consultoría, puedo afirmar, sin duda alguna, que su perspicacia y agudeza no tienen igual.

—**David Allen, autor del bestseller** *Getting Things Done* **o** *Método GTD - Organízate con Eficacia,* **y CEO de David Allen Company**

Del Diálogo Interno al Diálogo con el Alma *es una clase magistral sobre el despertar, la conciencia y la aceptación, conceptos análogos a la MT de muchas maneras, por ser ambas simples, naturales y fáciles. Inspirado en la búsqueda de la sabiduría eterna durante toda su vida, Russell proporciona una guía práctica para trascender a las distracciones cotidianas y así recibir la orientación interna del alma.*

—**Bob Roth, CEO de la Fundación David Lynch y autor del best-seller** *Strength in Stillness* **(***La Fuerza de la Quietud***)**

Por fin, el libro que todos hemos esperado. Personalmente, he esperado por más de 40 años, desde que conocí a Russell por primera vez y tuve contacto con las excepcionales ideas y prácticas desplegadas en sus Seminarios Insight, basados en la experiencia, los cuales hoy en día han ganado más relevancia de la que tenían en sus inicios. Quiero ser claro en mi discurso, Russell comparte en este libro, nada más y nada menos, que lo mismos principios y prácticas que nos ayudan a cambiar la vida en una dirección positiva en este frágil mundo de hoy. Gracias, Russell, por compartir tu sabiduría práctica y realista en el momento perfecto para el beneficio de todos.

—Ron Hulnick, Rector de la Universidad de Santa Mónica y coautor del bestseller *Loyalty to Your Soul* (*Lealtad a tu Alma*)

¡Es una obra de arte!

—Jesús García, D.S.D. y autor de *The Love of a Master* (*El Amor de un Maestro*)

Russell Bishop ha invertido décadas de aprendizaje y sudor en un libro para todas las épocas. Léelo, compártelo y aplica sus sabios consejos. Russell es un guía lleno de sabiduría, una persona excepcional y, ahora, tú puedes acceder a través de su libro a su charla del alma. Cómpralo, compártelo y disfrútalo.

—John O'Neil, Presidente del Centro para la Renovación del Liderazgo y autor de los bestsellers *The Paradox of Success y Leadership Aikido* (*La Paradoja del Éxito y El Liderazgo Aikido*)

Russell Bishop tiene el incomparable don de la prudencia o sabiduría práctica y, al igual que un costoso vino, ese don ha madurado con el tiempo, razón por la cual necesitan leer su más reciente magnífica creación: Del Diálogo Interno al Diálogo con el Alma.

—Mark Goulston, Médico y autor de *Just Listen: Discover the Secret to Getting Through to Absolutely Anyone* (*¡...Sólo escucha!: Descubre el secreto de impactar positiva y totalmente a quien quieras*).

Russell Bishop, después de trabajar con decenas de miles de personas, finalmente, comparte la fórmula secreta para llevar una vida exitosa al brindarnos las instrucciones que cada ser humano debería recibir al nacer. Es la Biblia del crecimiento y el potencial humano.

—Heide Banks, Psicoterapeuta, experta en relaciones humanas

Del Diálogo Interno al Diálogo con el Alma *es un libro lleno de un conocimiento y una intuición profunda al combinar ideas espirituales con la práctica de una manera que permite la iluminación de muchos. A lo largo de su obra, Russell incluye preguntas que estimulan la auto reflexión y permiten el surgimiento de nuestras propias respuestas y consejos. En el apéndice, Bishop agrega ejercicios y recursos adicionales para facilitar, aún más, un enfoque pragmático conducente a una vida espiritual.*
—**Barbara B. Herbert, PhD, Presidenta de la Sociedad Teosófica en América**

Del Diálogo Interno al Diálogo con el Alma *es una guía magistral que nos muestra de manera elocuente cómo reconocer, despertar, integrar y encarnar lo extraordinario de nuestro verdadero ser psicológico y espiritual, en medio de lo ordinario de la vida diaria. Una guía llena de ideas agudas y dinámicos ejercicios, diseñados para conectarnos con los anhelos más profundos del corazón, Del Diálogo Interno al Diálogo con el Alma es un tesoro que deleitará al lector: un trabajo trascendental que no debes perderte, pues claramente revela el camino que debemos recorrer para manifestar todo nuestro potencial.*
—**Richard Miller, PhD, Fundador del Instituto iRest y autor de Yoga Nidra: The iRest Meditation Practice for Deep Relaxation and Healing - (Yoga Nidra: Una práctica para la relajación profunda y la sanación) y de The iRest Program for Healing PTSD - (El Programa iRest Para la Sanación del TEPT)**

DEL DIÁLOGO INTERNO AL

DIÁLOGO CON EL ALMA

Cómo llegar a convertirte en
más de quien tú realmente eres

RUSSELL BISHOP

Publicado por Conscious Living Press

Edición de bolsillo ISBN: 979-8-9863472-1-9
Libro electrónico ISBN: 979-8-9863472-2-6

Impreso en los Estados Unidos de América
10 9 8 7 6 5 4 3 2 1

Producido por GMK Writing and Editing, INC.
Editor Gerente: Katie Benoit
Traductor: Orlando Domingo Barrios Delgado
Traductora y Correctora: Beatriz María Manrique Urdaneta
Correctora, Diseño de texto y composición: Bertha Ines Arguello
Diseño de texto y composición: Sue Murray
Diseño de portada: Libby Kingsbury
Impresión: IngramSpark
Visite la página del autor: www.russellbishop.com
Escriba al autor a la siguiente dirección: russell@russellbishop.com

Dedicado a Inez, mi amada esposa, una increíble mejor amiga y una compañera en mi camino de regreso a Dios, mi hogar.

CONTENIDOS

AGRADECIMIENTO

JOHN-ROGER: El maestro aparece cuando el alumno está preparado

Si bien muchas personas me han animado a escribir este libro a lo largo de los años, John-Roger (J-R), mi buen amigo y guía espiritual, ha sido una fuente de inspiración y un apoyo constante durante este proceso. Conocí a John-Roger, por primera vez, en 1973 a través de sus textos y conferencias sobre "La trascendencia del alma".

En ese momento, acababa de graduarme como psicólogo educativo, con una formación centrada en psicología de la Gestalt, transformación personal y entrenamiento de concienciación para grupos grandes. A pesar de que los enfoques educativos y psicológicos aplicados al aprendizaje y a la evolución me habían servido bastante, permitiéndome dar grandes pasos en la autoconfianza y en la manera de expresarme, todavía me sentía algo desconectado de algunas cosas que no entendía.

Valiéndome de los textos y las técnicas prácticas de estudio que J-R enseñaba, me fui dando cuenta que la desconexión estaba localizada entre mi verdadero ser con mi alma, y las autoimágenes negativas que había adoptado a través de las diferentes experiencias y desafíos de la vida. Aunque había desarrollado un intelecto bastante bueno, había explorado las profundidades de mis emociones y gozaba de buena salud, todavía sentía que algo me faltaba.

A medida que más iba probando y aplicando las técnicas que J-R sugería, progresivamente iba develando una conexión más profunda con mi verdadero ser. Descubrí que la calidad de mi experiencia de vida mejoraba significativamente, inclusive si las circunstancias parecían algo adversas para aquellos que miraban desde afuera. Paradójicamente, a medida que me hacía más profundamente consciente de mí mismo como alma, y aumentaba mi capacidad productiva en términos de abundancia material, esta última parecía importarme menos. Al descubrir la verdadera fuente de satisfacción, me di cuenta del asombroso e inspirador progreso que se iba generando en mi vida.

NOTA DEL AUTOR

Mi recorrido hacia el despertar: la razón por la cual he escrito este libro

Los dos días más importantes de tu vida son el día que naciste y el día que descubres por qué has nacido

—Mark Twain

E ste libro ofrece reflexiones, lecciones y enfoques que me han sido de gran utilidad en mi camino hacia el despertar, permitiendo que mi verdadero ser, mi alma, tome la iniciativa. John-Roger, mi buen amigo y mentor espiritual, empezó a animarme a escribir un libro sobre mis experiencias y lecciones de vida hace más de 30 años. Al parecer, necesitaba mucho apoyo y estímulo para que finalmente decidiera sentarme y comenzar a escribir.

La información, los esquemas y los ejercicios a continuación han resultado ser muy útiles en mi propia trayectoria. Quizá no todo te parecerá bien, así que, por favor, toma lo que te funcione y deja de lado lo que no. Posiblemente, no todo aquí sea creíble, pues solo son enfoques o aproximaciones que podrás ir probando, experimentando y así lograr descubrir lo que sea de valor significativo para ti.

Sin duda alguna, reconocerás muchas de estas enseñanzas y sugerencias, constituidas a partir de lo que muchos llaman sabidurías antiguas. De hecho, había escuchado sobre la mayoría de estas enseñanzas muchas veces, antes de empezar a aplicarlas de manera consistente y coherente. Mi experiencia continúa mostrándome que hay una gran diferencia entre "el conocer acerca de" estas sabidurías y el ponerlas en práctica o aplicarlas.

Sin importar la pericia, que yo creo haber alcanzado con estas prácticas, considero que éstas requieren atención constante y aplicación consciente de mi parte. Me han recordado innumerables veces que *enseñamos lo que más necesitamos aprender*. Estas prácticas, lejos de ser como un programa de estudios de los que se "hace una vez y ya no hace falta hacerlo más", son más del tipo de aprendizaje que "si no se aplica en el momento se pierde".

Un par de comentarios sobre mi estilo como escritor: Tiendo a escribir como si estuviera hablando contigo. En consecuencia, me voy deslizando de un lado a otro entre los pronombres "yo", "nosotros" y "tú". Mis profesores de inglés deben estar temblando de desesperación. Sin embargo, este uso combinado de pronombres es intencional, porque también soy estudiante de esta información, así como maestro de la misma y, en medio de estos dos roles, soy, además, un compañero de trabajo junto con todos.

De vez en cuando también tiendo a repetirme, ubicándome de nuevo en algunos ejemplos, historias, metáforas y otras referencias, varias veces, cada uno de ellos en contextos ligeramente distintos. ¿Por qué? Simplemente porque algunas de estas reflexiones o pensamientos resultarán de manera diferente dependiendo de la situación donde se apliquen. En mi camino hacia el despertar, me doy cuenta que a menudo necesito escuchar alguna de estas reflexiones varias veces —bueno, en realidad, muchas veces— antes de comenzar a descubrir las implicaciones más profundas.

El resto de esta sección es más bien una mini-autobiografía, que proporciona una visión general de los momentos claves en mis inicios, cuando comenzó a abrirse la puerta de mi más profundo despertar.

Te invito a construir tu propia versión de este viaje, y al hacerlo, permite que tu sabiduría interna sea la que te guíe en tu camino.

Mi viaje hacia el despertar

Desde que tengo uso de razón he pensado acerca del por qué mi vida era importante, y este pensamiento me ha conducido a una constante búsqueda con el propósito de aprender, descubrir, y, progresivamente, volverme más consciente.

Crecí en una familia presbiteriana, donde dos de mis tíos eran ministros, mi padre era un pastor en la iglesia, y yo asistía a los servicios cada semana. Nunca me sentí particularmente inspirado por los servicios, mucho menos por los sermones; sin embargo, llegué a experimentar un considerable crecimiento, paz e incluso gracia en la música.

Aunque me sentía atraído por *ese algo* que luego llamaría místico o espiritual, al mismo tiempo experimentaba un rechazo por la evidente incoherencia entre los discursos y los comportamientos. Una parte de mí notaba esa desconexión y, aun así, me obligaba a volver a los servicios semana tras semana.

Para ser claro, no podía explicar la desconexión que estaba experimentando, y mucho menos percibir que estaba por iniciarse una búsqueda de por vida. Ahora bien, lo que sentía dentro de mí no solo era innegable, sino también palpable.

La iglesia tenía un programa para jóvenes cuyas reuniones se celebraban los miércoles. Me di cuenta que Gary, el ministro de los jóvenes, era "diferente"; de alguna manera, se notaba más en sintonía con esa experiencia, que yo mismo no podía describir, pero a la cual me sentía atraído. No sabía lo que estaba experimentando, pero sí sabía que parecía importante, así que empecé a prestarle atención.

Cuando tenía unos 16 años, estas reuniones de jóvenes semanales comenzaron a enfocarse en el propósito y el significado de la vida. Fue entonces cuando comencé a preguntarme qué era lo que yo quería de la vida, y por qué. De alguna manera, yo era vagamente consciente de que mi pregunta podría estar mal formulada, porque lo que yo realmente quería no podía medirse en términos de cosas externas o materiales.

Era una época cuando empezaba a indagar, a explorar y a tomar conciencia de mi verdadero ser, para más tarde descubrir mi alma. Pero a los 16 años, esa conciencia incipiente era, a lo sumo, embrionaria. Lo que yo quería iba mucho más allá de cómo experimentaba la vida. Me iba volviendo cada vez más consciente de que mi vivencia interna y mi reacción ante la vida tenían mucho más valor y significado que cualquier cosa tangible o terrenal.

Nunca podrás tener suficiente de aquello que realmente no quieres

Casi al mismo tiempo que empezaba esa búsqueda de ese algo dentro de mí, un maravilloso y peculiar profesor de secundaria, el Sr. Siringer, introdujo a nuestra clase en el mundo de la poesía y la filosofía. En una de nuestras frecuentes visitas a la librería City Lights, en San Francisco, el profesor Siringer nos presentó las obras de Eric Hoffer, un estibador, poeta y filósofo local.

Algo que el Sr. Hoffer escribió me impresionó de una manera profunda pero a la vez sutil, algo que ha permanecido conmigo desde entonces, algo que me ha servido como una especie de Estrella del Norte o guía particular. Él escribió: "nunca podrás tener suficiente de lo que realmente no necesitas para ser feliz". Desde entonces he parafraseado este profundo discernimiento como: Nunca podrás tener suficiente de aquello que realmente no quieres.

¿Qué es lo que *yo realmente quiero*? Mi diálogo interno puede seguir y seguir hablando sobre cualquier cosa, desde chocolate hasta dinero, trabajos, casas, etc. Estaba llegando al punto de entender que ninguna cantidad de cualquiera de estas cosas proporcionaría una satisfacción duradera. ¿Felicidad a corto plazo? Seguro. ¿Satisfacción más profunda? No tanto.

El (no tan) dulce despertar

Pasados unos años, tuve una experiencia sobre este tema en mi primer taller vivencial, mientras estudiaba el segundo año en la Universidad de California, en Davis. No tenía ni la menor idea de lo que era un taller vivencial en grupo o de que estaba asistiendo a uno. (Los talleres vivenciales eran formas populares de trabajo de crecimiento personal, en dinámicas de grupos pequeños, donde los participantes experimentaban diversas maneras de interacción, retroalimentación, resolución de problemas y dramatizaciones, cuyo propósito era llegar a conocerse mejor a sí mismos, a otros y al propio grupo).La reunión se planteó como una actividad de formación de equipos para los miembros del consejo estudiantil que recién había sido elegido.

Mi padre había fallecido de leucemia ese verano, por lo cual me sentía inseguro, frágil y prácticamente perdido. Al igual que el proverbial pez fuera del agua, me encontraba en un territorio desconocido, con una frágil arrogancia que cubría una fuerte inseguridad. Mi diálogo interno me afirmaba que existían dos estrategias eficaces para mantenerme seguro: retirarme o evaluarme. A estas alturas, hay momentos cuando todavía me toca luchar con ese patrón de conducta.

Al adoptar mi estrategia preferida de *disimular*, opté por mantenerme al margen, en vista de que este grupo de futuros legisladores estuvieron sondeando sobre nuestras intenciones, sueños, temores y esperanzas. Pronto aprendí que no hay nada tan inútil como tratar de ocultarse, al tiempo que me convertía en el foco de atención de nuestros facilitadores y de mis compañeros legisladores estudiantiles.

Cuanto más me hacían preguntas, más desviaba el foco de atención al convertir esas preguntas en afirmaciones, preguntas o críticas sobre los demás. En mis desesperados intentos de desviar cualquier enfoque hacia mi fuente interminable de inseguridad, de manera involuntaria, pero con mucho éxito, me expuse volviéndome aún más vulnerable.

Cuando a otros miembros del consejo estudiantil se les invitó a comentar sobre lo que yo tenía que decir, el feedback dirigido a mí fue menos que amable (rozando la brutalidad), pero claramente acertado. Todo lo que estaba tratando de ocultar se tornaba bastante visible.

La experiencia fue dolorosa, mi impenetrable caparazón había sido vulnerado. Estaba hecho polvo. Afortunadamente, el grupo de encuentro era conducido por dos líderes increíblemente atentos y talentosos, Ernie Gourdine y Van Richards. Devastado, avergonzado, pero a la vez extrañamente aliviado, comencé a llorar y Ernie me brindó su abrazo.

Cuando ese frágil caparazón se agrietó, mi verdadero ser comenzó a emerger. La experiencia me ayudó a darme cuenta de que el vacío que sentía dentro provenía de las barreras que yo mismo había puesto allí para protegerme. Me había encerrado dentro de mis propias defensas.

Mi diálogo interno intentaba alejar a la gente y, así, evitar más daño y dolor, pero, en cambio, acababa atrapado en ese mismo daño y dolor. Resultó que ambos, siempre presentes, eran, de hecho, un aislamiento autoinfligido. Me esforzaba por mantener a la gente alejada porque pensaba que *ellos* debían ser los que me hacían daño. Y todo el tiempo era, simplemente, yo quien me causaba todo ese mal en lugar de *ellos*.

Bajo el dolor y el daño, empecé a vislumbrar ese "verdadero ser", que ya había empezado a buscar unos años atrás. Mi diálogo con el alma me señalaba silenciosamente los aspectos más profundos de lo que yo realmente soy, en lugar de esa persona "llena de defectos" que mi diálogo interno me aseguraba que yo debía ser. Empecé a descubrir que cualquier conexión con mi verdadero ser, mi alma, era más valiosa que cualquier otra cosa que hubiera buscado o experimentado alguna vez.

El brusco despertar

Si quisieras enderezar al mundo,
¿por quién deberías empezar: por ti mismo o por los demás?

—ALEKSANDR SOLZHENITSYN

En 1971, me encontré en medio de una protesta en la Universidad de California en Berkeley, justo fuera de Sather Gate. "En protesta,

¡cierren! Todo el poder para el pueblo". Ese era nuestro mantra. Ese día de primavera, el sheriff Madigan y los Blue Meanies o "los malvados azules", como llamábamos a sus agentes, instigaron los disturbios al atravesar nuestra línea de protesta, golpeando a los manifestantes al azar con sus porras. Poco después fui alcanzado por un cilindro de gas lacrimógeno.

Como se me indicó, recogí el envase de la bomba lacrimógena y lo tiré. Nadie me advirtió lo caliente que ese envase estaría. Tal vez fue el shock, tal vez fue la guía divina, tal vez uno llevó a la otra, pero, de repente, me di cuenta que estaba fuera de mi cuerpo, mirándome a mí mismo.

Ahora, sé que esto puede sonar más que raro, pero de alguna manera, yo estaba a unos 20 pies de distancia y a otros 20 pies de altura, mirando a un joven enojado, barbudo y con pelo largo, gritando, "¿Por qué no nos aman? ¡Idiotas!".

Cuando de repente, BAM!, estaba de vuelta en mi cuerpo con una profunda conciencia que me inundaba: Mi mensaje era paz, amor y solidaridad, al tiempo que mi estrategia era gritar, dar alaridos y lanzar lo que encontrara a mi paso.

¡Desconecta, desconecta, desconecta!

Quedé sorprendido por el conflicto, repentinamente visible, entre mis acciones y mis verdaderos motivos: luchar por la paz y, a la vez, gritar para que me amaran, no podían ser más paradójicos, y sin embargo, hasta ese momento, no me había dado cuenta. Aunque toda esta experiencia duró solo unos segundos, el impacto ha sido de por vida.

Tiré el bote de gas lacrimógeno, me retiré de la huelga, y nunca volví. Una hora más tarde, me encontraba en el apartamento de un amigo, en la Avenida Shattuck, donde me afeité la barba, me corté el pelo y estuve mirándome al espejo durante más de una hora, preguntándome "quién eres tú" mientras las lágrimas corrían por mi rostro.

Esta experiencia me impactó tanto que me condujo a buscar una manera de vivir una vida más consciente, donde el amor, la solidaridad y la compasión predominaran. Mi diálogo interno me había empujado a la "acción", que resultó ser solo otra forma de juicio, ira y evasión.

Ese bote de gas lacrimógeno de alguna manera me hizo escuchar la voz de mi alma con mucha más claridad mientras miraba en ese espejo preguntándome, "¿quién eres?": *Russell, tú estás aquí para tomar medidas hacia lo que tú prefieres, en lugar de señalar las equivocaciones de otras personas y sus conductas. No puedes luchar por la paz, el amor o la solidaridad. Eres tú quien debe ser amoroso, solidario y lleno de paz.*

¿Qué te parece eso como guía para la vida?

Mi diálogo con el alma no me decía qué hacer y mucho menos cómo hacerlo. Me apuntaba hacia la dirección de la experiencia que realmente quería vivir. Como el Señor Hoffer podría haber dicho, ninguna cantidad de enojo, acusaciones o gas lacrimógeno me satisfaría. No quería una confrontación airada sobre los males del mundo. Lo que yo quería era una mayor experiencia de paz, amor y solidaridad, para mí, para los demás y para el mundo.

Evidentemente, mi diálogo con el alma me estaba animando a construir una base interior sólida desde la cual actuar. Hizo falta un cilindro de gas lacrimógeno ardiendo para despertarme a la realidad. No podía traer paz a mí mismo, y mucho menos al mundo, si guardaba dentro de mí ira, resentimiento e indignación.

Pasaron otros dos años hasta que conocí a mi maestro espiritual, John-Roger. J-R, como le llamábamos, me ayudó a comprender la diferencia entre mi "ser" (con una "s" minúscula) y mi verdadero "Ser" (con una "S" mayúscula). Ese verdadero Ser es el alma.

Ambos seres tienen voz, una más fuerte que la otra, una más profunda y significativa. La voz más profunda y significativa es también la voz más sutil.

INTRODUCCIÓN

¿Cuál voz estoy escuchando?

Hay una voz que no utiliza palabras. Escucha.

—Rumi

Todos los seres humanos poseemos una voz interior, de tono muy fuerte, que nos dice lo que es importante, lo relevante y lo que deberíamos desear. A veces, esa voz íntima y fuerte, a la que yo llamo Diálogo Interno, nos brinda orientación y consejos prácticos aunque en algunas ocasiones no lo haga. El aspecto limitante de mi Diálogo Interno se muestra cuando una parte de mí cuestiona lo que estoy haciendo, recordándome que la vida es dura, o que esa "gran idea" nunca funcionará. Mi Diálogo Interno también puede aferrarse a una idea escuchada en alguna parte y sigue insistiéndome para que persiga el sueño de otro.

También tenemos una voz interior mucho más sutil, que nos invita con delicadeza a explorar más profundamente, a mirar más allá del brillo y del glamur de las distracciones terrenales de la vida y así poder descubrir lo que es verdaderamente permanente y relevante. Llamo a esta voz más suave mi Diálogo con el Alma, pues emana de lo más profundo de mi verdadero ser, es decir, de mi alma.

De acuerdo con mi experiencia, para *llegar a convertirte en* más de *quien* tú *realmente eres*, se requiere aprender a escuchar esa voz más profunda, proactivamente, pidiéndole consejos y orientación a mi verdadero ser sobre las elecciones y opciones que tengo frente a mí. A medida que más pericia adquiera en escuchar esa voz más suave, más penetrante ésta se tornará, convirtiéndose, casi, en la voz más fuerte. Cuanta más atención le haya prestado, más me sigue ayudando en mi vida personal (mi familia, salud y bienestar), así como en mi vida laboral y profesional.

El Dr. Shad Helmstetter acuñó el término *Diálogo Interno* en su reconocido libro de autoayuda de 1986, *What to Say When You Talk to Your Self - Que decir cuando hablas contigo mismo*. El Dr. Helmstetter destaca que la mayoría de nosotros tenemos un crítico interno a quien le hace feliz señalar nuestros defectos y debilidades. Él aconseja a sus lectores que reformulen el diálogo negativo (en mi caso, la lucha interior) en un conjunto de afirmaciones más positivas, abiertas y motivadoras, es decir una nueva forma de diálogo interno positivo. (Una afirmación es una declaración positiva, en tiempo presente, sobre un cambio o diferencia que quisiéramos hacer y experimentar. Por ejemplo una afirmación positiva como: *Soy un hombre amoroso, bondadoso y valioso,* es más útil y alentadora para apoyar un cambio deseado que esa constante autocrítica diciéndose que *siempre soy poca cosa, que siempre soy rechazado,* o *nunca soy suficiente*. Verás más sobre las afirmaciones en el Capítulo 9.)

El libro del Dr. Helmstetter me ayudó bastante en el aprendizaje de las afirmaciones y de cómo reformular el diálogo interno negativo y convertirlo en algo más constructivo. Al combinar este trabajo con la sabiduría del verdadero ser o alma que estaba adquiriendo en mis estudios espirituales con John-Roger, empecé a notar la diferencia entre las dos voces interiores.

Mi diálogo interno tiende a ser ruidoso, dominante y obstinado. He aprendido que si hago una pausa o detengo el discurso negativo del diálogo interno, y escucho con más atención a ese apacible y sabio diálogo con el alma pueden generarse percepciones, orientaciones y apoyo interior impresionantes.

¿Tienes un compañero de cuarto odioso viviendo en tu cabeza?

Arianna Huffington a menudo se refiere a ese censurador diálogo interno como el "odioso compañero de cuarto que vive en nuestra cabeza". En un artículo publicado en su revista online *Thrive Global*, ella escribió lo siguiente:

Ni siquiera nuestros peores enemigos hablan de nosotros como nosotros mismos lo hacemos. Yo llamo a esta voz la compañera de cuarto odiosa que vive en nuestra cabeza. Se alimenta de menospreciarnos y de reforzar nuestras inseguridades y dudas. Me gustaría que alguien inventara una grabadora que pudiéramos conectar a nuestros cerebros para grabar todo lo que nos decimos a nosotros mismos. Nos daríamos cuenta de lo importante que es detener este dialogo interno negativo. Significa hacer frente a esa compañera de cuarto odiosa con una dosis de sabiduría... He invertido muchos años intentando desalojar a mi compañera de cuarto fastidiosa y ahora he conseguido relegarla sólo a apariciones ocasionales como invitada en mi cabeza.

¿Cómo sería si esas apariciones como invitado se hicieran mucho menos frecuentes?

Cuando las cosas van mal en la vida, mi diálogo interno insistirá, hasta dar náuseas, en que eso es culpa de "ellos", o sea, de los demás, que nada mejorará jamás, etc.; y, lo que es aún más debilitante, mi diálogo interno me hace creer que, en el fondo, soy deficiente, incompetente y estoy, irremediablemente, atascado.

Afortunadamente, mi diálogo con el alma está allí siempre que aparece la negatividad; constantemente, ahí para apoyarme con gran sabiduría, amor y elevación. Inclusive, mientras mi diálogo interno apunta a la imposibilidad de todo, a los cuentos de "no puedo porque" que aprendí de niño, mi diálogo con el alma me anima en silencio a descubrir nuevas posibilidades.

Seguro que has oído alguna versión del adagio: "El que tenga oídos que oiga". Todos tenemos oídos para oír el diálogo con el alma; sólo que en este caso no se refiere a nuestros oídos físicos, sino a nuestros "oídos internos". Aprender a escuchar internamente puede hacer una gran diferencia.

Aunque sugeriré que la voz de tu diálogo con el alma es la más beneficiosa, no culpes ni cuestiones a tu diálogo interno, en vista de que él sólo intenta hacer lo que considera mejor para ti. ¿Qué pasaría si tu diálogo interno se asociara con tu verdadero ser, con tu diálogo con el alma, para hacer las cosas aún mejor?

¿A Qué Me Refiero Con *El Alma*?

Cuando examinas las vidas de las personas más influyentes que han caminado entre nosotros, descubres un hilo conductor que los atraviesa a todos. Se han alineado primero con su naturaleza espiritual y sólo después con su ser físico.

—ALBERT EINSTEIN

No somos seres humanos que tienen una experiencia espiritual. Somos seres espirituales viviendo una experiencia humana o terrenal.

—PIERRE TEILHARD DE CHARDIN

Dado que escribo sobre algo a lo que llamo "diálogo con el alma", es de esperarse que proporcione un contexto, definición o explicación del alma. Los asuntos espirituales pueden estar cargados de todo tipo de imperativos morales implícitos, dogmas, instrucciones y rituales. A veces vienen con estrictas delimitaciones acerca de "lo correcto y lo incorrecto".

No escribo para proporcionar dogmas o imperativos morales correctos e incorrectos. No necesitas ninguna perspectiva espiritual o religiosa en particular para sacar el mejor provecho de este libro.

Muchas personas se sienten desanimadas ante cualquier cosa que sugiera religión o prácticas religiosas, a menudo debido a experiencias pasadas con dogmas restrictivos, sermones o costumbres impuestas. Inclusive si has pasado por alguna forma de práctica restrictiva y te has rebelado contra ella, aquí podrías encontrar algunas sugerencias sólidas y procesables, ausentes de toda restricción -sin dogmas, sin tener que creer en nada, sólo ideas para probar y descubrir si funcionan para ti. Claves como la Conciencia y la Elección funcionan independientemente de tu visión de la religión, el espíritu o lo divino.

Ten la seguridad de que no intento direccionar tus ideas hacia ningún tipo de punto de vista religioso o espiritual. Supongo que eso es algo que debe ser determinado únicamente por ti, en discusión contigo mismo. Mi punto de vista espiritual se puede resumir de forma bastante sencilla:

- Dios nunca se nombró a sí mismo, ni siquiera con el nombre de "Dios"; nosotros, los seres humanos, tuvimos que crear los distintos nombres que utilizamos.

- Todas las cosas provienen de Dios, de la Fuente, de lo Divino, del Espíritu, o de cualquier otro nombre que prefieras.

- Dios ama toda su creación.

- No se perderá ni una sola alma.

Cuando me refiero al Espíritu, a lo Divino o al alma, estos son los principios básicos subyacentes de lo que tengo que compartir contigo. Hay muchas cosas con las que no se puede estar de acuerdo, dependiendo del punto de vista de cada quien; sólo comparto el mío para que sepas de dónde vengo.

La Religión y el Mito del Sendero Espiritual

Muchas tradiciones enseñan que el sendero espiritual está dentro de nosotros; sin embargo, muchos buscan la conciencia espiritual como si ésta estuviera en algún lugar fuera de ellos mismos.

Vale la pena señalar que la palabra *religión* proviene de la palabra en latín *legare* que simplemente significa conectar; el prefijo, "re", significa otra vez. Así que, en lugar de significar algo sobre un conjunto de prácticas definido o dogmático, una experiencia religiosa bien puede ser esa vivencia que me "reconecta" con algo a lo que yo estaba previamente conectado.

Si nos estamos reconectando a algo con lo que estábamos previamente conectados, entonces el sendero hacia la reconexión puede ser tan simple como girar y mirar hacia nuestro interior. Aunque la metáfora del sendero espiritual es incitadora en el sentido de que sugiere que todavía hay trabajo por hacer y pasos que dar, para llegar a tu destino, también ésta puede verse como una ilusión o una distracción.

A veces me refiero a esto como *El Mito del Sendero Espiritual*. Estar en un sendero sugiere un comienzo, un final y cierta distancia que recorrer antes de llegar a mi destino, una brecha entre donde estoy ahora y donde necesito estar en el futuro. Muchos filósofos y tradiciones han sugerido que la noción de un sendero espiritual es una ilusión, enseñando que este sendero espiritual es un camino en nuestro interior.

Varias versiones de "estar en el camino" proponen que lo que buscamos ya está presente-Dios, espíritu, alma, o como prefieras llamarlo, ya está aquí, ahora mismo, esperando pacientemente que nos demos cuenta. Francisco de Asís lo mencionó en el siglo XII y Rumi se hizo eco de esa referencia en el siglo XIII, escribiendo, "lo que buscas te está buscando".

La Biblia instruye que "el reino de los cielos está dentro". Tolstoy escribió un libro completo titulado *El Reino de Dios está dentro de ti*. En su novela, *Siddhartha*, Hermann Hesse escribió: "Qué podría decirte que sea de provecho, excepto que quizá buscas demasiado, que como resultado de tu búsqueda no puedes encontrar".

Una vez escuché a un maestro yogui responder una pregunta a uno de sus seguidores que estaba luchando con encontrar la iluminación, "Tal vez deberías dejar de buscar y empezar a encontrar".

Si el sendero espiritual conduce hacia el espíritu o a la iluminación, a *Llegar a Convertirte en Más de Quien Tú Realmente Eres*, a estar en el corazón de Dios – aquí puedes utilizar la palabra con la que más te sientas cómodo –entonces, ¿a dónde tienes que ir para poder llegar? Mejor aún, ¿por dónde tienes que empezar?, quizá el lugar de partida y el destino sean los mismos.

¿Tienes un maestro o guía interno?

Otra manera de concebir a tu diálogo con el alma es imaginarte que tienes tu propio maestro o guía interno iluminando silenciosamente "tu camino" interior. Para algunos resulta de gran utilidad imaginarse a su maestro interno como un representante de una fuente superior con la que ya tienen cierta familiaridad.

He conocido personas que consideran que Jesús está vivo en sus corazones, guiándolos de vuelta a casa. Otros prefieren relacionarse con un buda interior, mientras que otros se imaginan una forma más cósmica sin asignarle necesariamente una figura específica a ese maestro interior. Incluso, otros encuentran que distintas formas aparecen en diferentes momentos cubriendo un rango desde Jesús a Buda, de Mahoma a Zaratustra, y hasta ángeles de todo tipo.

No creo que importe con qué forma te sientas mejor. Lo Divino puede tomar cualquier forma que sea útil para ti. Después de todo, como mencioné antes, "Eso" nunca se nombró a Sí Mismo.

¿QUÉ PASARÍA SI?

A lo largo de este libro, me referiré a lo que yo llamo el principio "Qué Pasaría Si". *Qué Pasaría Si*, simplemente, significa *¿qué pasaría si* algo que tú lees aquí es cierto? Si algo es cierto, no importa si nuestro diálogo interno lo cree o le gusta -¡es, simplemente, cierto!, ¡sin importar quién lo haya dicho! Si tú puedes detener el juicio que el diálogo interno hace y, sencillamente, jugar "como si" estas ideas fuesen verdad, tendrás la oportunidad de probarlas en el laboratorio de tu propia vida.

Si examinas una idea con mente abierta, y esa idea te funciona, entonces has agregado un elemento más de "la verdad" a tu caja de herramientas, que podría ayudarte a crear la vida que tú quieres. Si experimentas con una de estas nociones y descubres que no te funciona, entonces simplemente abandónala. Sin embargo, si rechazas una idea, sin más, por cualquier motivo que tu diálogo interno tenga (algo como: nunca había oído eso antes, no podría ser cierto, entre otros), y resulta que es cierto, puedes acabar conformándote con menos de lo que tú quieres en tu vida, simplemente porque tu diálogo interno no te permitió experimentar con ella.

Lo importante no es si tú estás de acuerdo o no con cualquier cosa de las que escribo aquí, lo que es importante es si tú puedes utilizar cualquiera de ellas para mejorar la calidad de tu experiencia de vida, en formas que sean significativas para ti.

CAPÍTULO 1

EL DESPERTAR

Al que buscas te está mirando.

—San Francisco de Asís

ara profundizar más en el poder y las distinciones entre el diálogo interno y el diálogo con el alma, primero necesitamos explorar dos de los aspectos más críticos para mejorar nuestra experiencia de vida: el despertar y la consciencia. Ambos son tan naturales que fácilmente se pasan por alto o se malinterpretan.

Estas dos claves son muy parecidas al viejo refrán de *quién fue primero: ¿el huevo o la gallina?* A veces, se necesita una dosis de consciencia para despertar, y, otras veces, se requiere despertar para llegar a ser conscientes. Como en el idioma que hablo—inglés—, la palabra despertar (en inglés: *awakening*) se encuentra en orden alfabético antes de la palabra consciencia (en inglés: *awareness*), comencemos por el concepto *despertar*.

Muchos caminos espirituales usan activamente la noción de despertar para describir el propósito del viaje espiritual. Sin embargo, raras veces alguien se toma el tiempo para descomponer el término *despertar*.

El despertar se produce cuando algo que estaba previamente dormido regresa a la consciencia despierta *otra vez*. Noten el énfasis en la frase *otra vez*. Algo que despierta estaba, previamente, dormido - probablemente, el significado de ese enunciado es obvio. Igualmente obvio y poco considerado es la idea de que *algo dormido estuvo previamente despierto*.

Si la meta del viaje espiritual es despertar, entonces, el camino espiritual no nos lleva a un lugar donde no estemos en este momento, sino que nos despierta donde ya estamos. En mi léxico, el Espíritu está presente conmigo y dentro de mí, pero yo quizá no esté presente con el Espíritu de vez en cuando. De hecho, a menudo descubro que me duermo al Espíritu en mi vida diaria.

En este sentido del despertar, puedes descubrir que, al experimentar con estas claves o sugerencias, podrás entrar a una conciencia más profunda y alinearte con quien tú eres en lo profundo de tu ser. Para algunos, eso significará reconectarse con una fuente espiritual, con lo Divino, con Dios. Para otros, puede significar conectarse con el sentido más profundo de quien cada uno es, algo más allá de la personalidad y la mente. Es la conexión más profunda lo que más importa, independientemente, de cómo la llamemos.

El diccionario de Merriam-Webster define el término despertar como:

- "dejar de dormir"
- "excitarse o estar activo de nuevo"
- "volverse consciente o estar consciente de algo"

Quizá el aspecto más significativo del despertar se encuentra en las palabras *estar activo de nuevo* las cuales resaltan en el medio de las tres definiciones. "De nuevo" significa que estaba activo antes.

En este sentido, despertar es tanto un proceso natural como una gran metáfora. Si vamos más allá del lado simplista del cuerpo físico dormido o despierto, podremos movernos hacia algo más profundo, el despertar de la consciencia.

Hay una profundidad sorprendente de fuerza en esta noción de "estar activo de nuevo". Recordemos que en la Introducción del libro *El Mito del Sendero Espiritual*, la palabra *religión* se deriva de la palabra latina *legare* que significa conectar, y el prefijo, *re-* significa otra vez. Así que aquí tenemos un significado paralelo: despertar otra vez puede muy bien equivaler a conectarse de nuevo, conectarse otra vez.

Despertar hacia quién tú ya eres

Cuando creé los Seminarios Insight (Insight Seminars) en 1978 con John-Roger, llamamos al primer seminario "El Despertar del Corazón", seguido por la afirmación *Llegar a convertirte en Más de Quién Tú realmente Eres*. Elegimos la frase "El Despertar del Corazón", en lugar de referirnos a la mente, el cuerpo o las emociones, porque el corazón es el centro del amor. En algunas tradiciones espirituales, se considera el corazón como el asiento del alma. Parte de nuestro razonamiento fue que a medida que el corazón despierta, podemos llegar a ser conscientes de un nivel más profundo del conocimiento o la sabiduría que la mente no puede percibir, mucho menos, entender. Llamamos a esto "conocimiento natural".

Nuestra premisa era que ya poseemos esta sabiduría más profunda; puede que su acceso sea difícil debido a la impetuosidad de nuestro diálogo interno. Aprender a escuchar y prestar atención a los mensajes más sutiles de nuestro diálogo del alma son claves importantes para crear la vida que realmente queremos, en lugar de la que nuestro diálogo interno puede, incesantemente, estar enfocando o conformándose.

¿Has oído alguna vez a alguien decir algo parecido a "Lo sabía en mi corazón"? A veces el corazón *sabe* algo que la mente no puede explicar, y, sin embargo, ese conocimiento natural está ahí independientemente de lo que la mente o el intelecto puedan explicar. Si tú eres un estudioso o erudito de la Biblia, conoces los Proverbios 23:7. Una paráfrasis dice: "Tal cual piensa en su corazón, así es el hombre". Por supuesto, esto no se limita a los hombres, sino que aplica a toda la creación humana. La clave se encuentra en la relación entre lo que podemos estar pensando en nuestros corazones y lo que llegamos a ser.

Para algunos, todo esto de *pensar en el corazón* (corazón que piensa), puede resultar en algo difícil de entender. ¿Cómo puedes pensar en tu corazón? Mucho más allá de una noción simplista o idealista, ahora tenemos la neurociencia para proporcionar pruebas de algo que se señala en los Proverbios.

En 1991, el doctor J. Andrew Armour publicó un artículo en el que citaba el descubrimiento de neuronas en el corazón, a lo que más tarde se refirió como el "pequeño cerebro del corazón". Las neuronas son la unidad básica de trabajo del cerebro, células especializadas que transmiten información a otras células nerviosas, musculares o glandulares. Cuando las neuronas liberan sustancias químicas cerebrales, conocidas como neurotransmisores, las señales eléctricas se propagan como una onda a miles de otras neuronas, lo que a su vez conduce a la formación del pensamiento. Armour descubrió que ese pequeño cerebro que se encuentra en el corazón envía más información al cerebro-mente que a la inversa. Los estudios posteriores han encontrado múltiples implicaciones, incluida la posibilidad de que el "corazón-cerebro" pueda incluso regular el dolor. La siguiente dirección electrónica expande la información: https://pubmed.ncbi.nlm.nih.gov/31728781/.

También sabemos que hay manojos de neuronas en el intestino que están directamente conectados con el cerebro. Así que, cuando alguien expresa "mi estómago me lo dice", hay algo muy real en proceso, quizá un paralelismo con "lo sabía en mi corazón". A veces "simplemente lo sabemos" y no hay mucho que hacer o explicar solo reconocer que, bueno, a veces "simplemente lo sabemos". (Si estás interesado en leer más sobre este tema, puedes considerar investigar la conexión entre los intestinos y el cerebro).

Para nuestros propósitos, vamos a partir de la premisa de que este tipo de conocimiento es normal y natural. Si esto implica mucho esfuerzo para tu imaginación, te pido que sigas el juego de los "qué pasaría si": ¿Qué pasaría si hay una fuente de inteligencia que reside, naturalmente, en nosotros y espera que nos percatemos de ella, algo más allá del cerebro o la mente? Si eso es cierto, ¿no valdría la pena considerar esa posibilidad?

Dormir también está bien

En el mundo de la transformación personal, la gente, con frecuencia, utiliza el término *despierta*, a veces como un suave estímulo y, más a menudo, como un peyorativo—¡DESPIÉRTATE!—como si hubiese algo malo en la persona que está "dormida".

Si bien el despertar puede ser un proceso poderoso para llegar a ser más de lo que realmente somos, también lo es dormir después de haber estado despiertos durante un tiempo. A veces, necesitamos dormir para procesar lo que ocurrió mientras estábamos despiertos.

En los inicios de los Seminarios Insight, estaba guiando un seminario con John-Roger, y me sentía cada vez más molesto con una persona a la que califiqué como lenta en su despertar. John-Roger me condujo en mi propio despertar al ayudarme a recordar que el sueño es parte del proceso natural de crecimiento y conciencia. Me planteó su ejemplo en forma de pregunta: "¿Despertarías a un bebé que duerme para que pueda crecer y aprender más rápido?".

El crecimiento, incluso la conciencia, puede ocurrir o desarrollarse al dormir. He tenido la experiencia de irme a dormir en un estado de confusión o consternación para despertarme en la mañana con una nueva claridad recién descubierta. ¿Y tú? Si es así, ¿de dónde procede esa claridad?

Una forma de analizar esta información es considerar que durante el sueño, la mente (diálogo interno) se desconecta, lo que permite a nuestro verdadero ser, al diálogo con el alma, tomar la iniciativa.

¿Hacia qué estamos despertando?

Ayer era inteligente, así que quería cambiar al mundo.
Hoy soy sabio, ¡así que me estoy cambiando a mí mismo!

—RUMI

Si te encuentras en conflicto entre lo que crees querer y lo que parece ser realmente importante, quizá la respuesta pueda encontrarse en un mayor despertar.

Seguro que has experimentado la satisfacción temporal que se produce al ceder a comportamientos de búsqueda de placer inmediato que van desde comer la cantidad de helado que quieras hasta, bueno, lo que se te ocurra, usa tu imaginación. Puede que nos sintamos satisfechos con esa conducta por un momento, pero eso pronto pasa. Y lo que es aún peor, nos damos cuenta de que podemos haberle hecho daño a nuestro cuerpo o a nuestro carácter moral en el camino.

Por otro lado, aplazar la realización o el compromiso significativo de hoy en favor de una ilusión igual de ilusoria de un futuro mejor, nos puede llevar a preguntarnos por qué queríamos ese objeto de nuestra atención, en primer lugar, lamentando lo que podemos haber perdido en el camino. ¿Has pasado tú por eso? Sé, que yo sí.

Tanto en mi vida personal como en mi trabajo con otras personas, he descubierto que las mejores respuestas suelen venir de muy dentro de nosotros. Las respuestas verdaderamente útiles requieren que despertemos a lo que ya somos al aprender a escuchar la sabiduría silenciosa y la guía del diálogo con nuestra alma.

El reto consiste en pasar de la realización inicial o el momento "ajá" del despertar al proceso complicado y no tan fácil de traducir esa conciencia en algo que podamos integrar, consistentemente, en la vida diaria.

Cómo despertar a lo que realmente quieres de la vida

Puedes plantearte dos preguntas básicas sobre la acción de despertar: *¿de qué estás despertando y hacia qué estás despertando?*

He aprendido una serie de preguntas sencillas que me han ayudado a ser cada vez más consciente de mi proceso de *despertar* y a descubrir opciones más favorables tanto a corto como a largo plazo. Las preguntas están implícitas en la afirmación provocadora de Eric Hoffer que he parafraseado antes de la siguiente manera: *Nunca podrás tener suficiente de aquello que realmente no quieres.*

Las preguntas implícitas, por tanto, son algo así:

- ¿Qué quieres?
- ¿Qué experiencia estás buscando?
- ¿Cómo influiría eso en ti?
- ¿Por qué te importa eso que quieres?
- ¿Qué quieres?

Para que estas preguntas tengan un significado real, es posible que tengas que repetirlas una y otra vez para permitir que se filtren hacia los niveles de conciencia más profundos. Tu diálogo interno probablemente se ponga al timón desde el principio con las respuestas que van desde lo mundano (sexo, dinero, viajes, y más; piensa en cualquier otra cosa que puedas desear) hasta los estereotipos (casa, trabajo, hijos). Sin embargo, repite estas preguntas, haciéndotelas más profundamente cada vez "¿Y por qué me importaría eso?".

Tú puedes plantearte estas preguntas como un proceso mental o, quizá, con más fuerza, como un enfoque para tu siguiente meditación. También puedes considerar llevar un diario o un cuaderno mientras lees este libro para escribir las respuestas a las preguntas; estas notas te permitirán registrar las percepciones que surjan de esas preguntas. La revisión de las notas, las respuestas y las percepciones a lo largo del tiempo te pueden conducir a una conciencia cada vez mayor al descubrir conexiones que no habías percibido anteriormente. De nuevo, no hay nada que creer aquí, sólo algo que probar con la visión de: "¿Qué pasaría si?".

Preguntas como las anteriores pueden ser herramientas poderosas para despertar a nuestra más profunda fuente de conocimiento, a nuestro verdadero ser. En mi trabajo, me baso, en gran medida, en las preguntas por la sencilla razón de que las respuestas personales pueden ser mucho más significativas y reveladoras que cualquier respuesta proporcionada por mí o por otra persona. Si tú respondieses a una pregunta con algo como "Bueno, no lo sé", yo suelo hacer la siguiente pregunta, aparentemente, descarada: "Bueno, si lo supieras, ¿cuál sería la respuesta?". Aunque pueda parecer una broma, la pregunta apunta al conocimiento interior, al diálogo con el alma. Puede que te lleve algo de práctica, pero si te desafías a ti mismo con algo parecido a "Bueno, si lo supiera...", puede que te sorprendan las respuestas que encuentres. Y, lo que es más importante, serán tus respuestas, no algo que te haya dicho alguien más.

EJERCICIO DE MEDITACIÓN

Accediendo al Diálogo con el Alma

Si la meditación es nueva para ti, la manera que aquí presento debería ser fácil para comenzar a trabajar. Si ya tienes práctica en la meditación, puedes agregar lo que comparto aquí a tu práctica actual o, simplemente, probarlo como una manera nueva o diferente de meditar. Siéntete libre de experimentar y encontrar una forma sencilla que funcione para ti.

Esta meditación está diseñada para ayudarte a conectar y comunicarte con los aspectos de tu verdadero ser, con tu diálogo con el alma. Enfocarte en la respiración puede ayudar a prepararte para escuchar más profundamente a tu verdadero ser.

Comenzaremos con una técnica de respiración conocida como respiración de caja torácica, respiración cuadrada o respiración 4x4. A partir de ahí, te sugeriremos que te concentres en tu interior e invites a tu verdadero ser a salir a la luz. Luego, revisaremos las preguntas y las respuestas de la sección anterior sobre lo que realmente tú quieres. La idea es entablar un diálogo con tu verdadero ser o entablar un diálogo con el alma. Una vez terminada la meditación, tú puedes repetir la técnica de la respiración de caja torácica y volver a tu estado más consciente.

La respiración de caja es una técnica sencilla que una persona puede realizar en cualquier lugar, incluso en su mesa de trabajo o en una cafetería. También conocida como respiración cuadrada o respiración 4x4, esta técnica se enseña en todo tipo de entornos, desde médicos especializados en la gestión del estrés hasta los militares de la marina norteamericana y en las clases de yoga. Puede ayudarte a cambiar tu energía y conectar más profundamente con tu cuerpo, disminuyendo el estrés e induciendo un estado de calma o descanso. Puedes utilizar esta técnica en cualquier momento y en cualquier lugar.

Antes de empezar, siéntate en una silla cómoda con la espalda apoyada al respaldo y los pies sobre el piso.

Respiración de caja torácica

1. Cierra los ojos y respira a través de la nariz, mientras cuentas, lentamente, hasta cuatro. Siente el aire que entra a los pulmones.

2. Ahora, suavemente, retiene el aire dentro de tus pulmones, mientras cuentas, lentamente, hasta cuatro. Trata de no apretar tu boca o tu nariz. Simplemente, evita inhalar o exhalar por otro conteo de cuatro.

3. Luego, lenta y suavemente, exhala, mientras cuentas de nuevo hasta cuatro.

4. Al final del conteo de cuatro, haz una pausa y sostén, nuevamente, hasta cuatro.

5. Repite los pasos de uno a cuatro al menos por tres veces. Idealmente, repítelos por cuatro minutos o hasta que te sientas relajado o en calma.

Invita a la presencia de tu verdadero ser (siéntete libre de sustituirlo por tu maestro interior, tu guía o, si lo prefieres, tu alma).

- Algunas personas encuentran ayuda al imaginar que están en un lugar tranquilo en la naturaleza, sin la perturbación del día a día. Otros prefieren enfocarse en su corazón. No hay manera incorrecta de realizar esta práctica, solo detecta tu propia manera de llevarla a cabo, de encontrar tu lugar seguro y de seguir tu propio ritmo.

- Permanecer, conscientemente, en este estado de quietud, invita la presencia de ese aspecto interior tranquilo, a tu verdadero ser; le llama a salir como si estuviera sentado o parado enfrente de ti. Al inicio, puede que no percibas mucha diferencia, al menos no en tu cuerpo, tu mente o tus emociones. Quizá, te sientas en paz. Algunos notarán una presencia y, otros, incluso "verán" una forma definida, probablemente, hasta la imagen de ti mismo.

• A medida que empieces a percibir esta presencia interior, dile lo que has estado pensando o considerando, literalmente "hablándole", como si estuviera, físicamente, en la habitación contigo en ese momento. Tal vez quieras empezar con un área de tu vida que necesite atención o alguna elección que estés considerando. Hazle saber a tu verdadero ser lo que has estado pensando, tal vez algún aspecto crítico y limitante de tu diálogo interno. Pregúntale a tu verdadero ser o a tu alma lo que preferirías observar o en que enfocarte. O tal vez quieras pedirle a tu verdadero ser alguna recomendación sobre una elección diferente que podrías considerar ejecutar en tu vida, a partir del momento donde te encuentras hoy.

• Siéntete libre de hacer esto como si tuvieras una conversación con un amigo de confianza, algo así como un intercambio informal. Tu diálogo con el alma puede tener preguntas para ti, ideas que debes considerar o sugerencias para nuevas opciones. Tu verdadero ser puede ser directo al darte sus consejos o sus preferencias, pero, raramente, su tono será duro, más bien será amoroso, de ayuda y edificante.

• Si escuchas algo que no entiendes bien, pregunta para aclararlo.

• Asegúrate de repetir lo que escuchas, y ahora imagina que puedes llevarlo a cabo. Luego, pregunta si escuchaste correctamente.

- Una vez que tú y tu verdadero ser estén satisfechos, da gracias a tu verdadero ser por su apoyo y guía, y regresa al proceso de respiración.

- Cuando estés listo, lentamente, abre tus ojos y enfócate de nuevo en el entorno donde te encuentras.

- Escribe lo que escuchaste. ¿Qué aprendiste? ¿Qué conocimiento interno obtuviste?

A medida que reflexiones sobre estas preguntas, tarde o temprano podrás comenzar a escuchar la voz sutil de tu diálogo con el alma hablándote desde lo más profundo de ti, desde tu interior. Si este proceso es nuevo para ti, puede ser que necesites varias sesiones antes de que ese diálogo profundo se haga claro. Puedes encontrar tu diálogo con tu alma al enfocarte más en las experiencias cualitativas de la vida, ya que éstas dan origen a niveles de satisfacción más profundos que los de naturaleza temporal del mundo material.

Con una mayor claridad sobre las experiencias cualitativas que tú realmente buscas en la vida, surgen dos preguntas importantes: ¿cómo producir estas experiencias cualitativas y cómo producirlas mientras atraviesas la realidad cotidiana de la vida? Si te encuentras luchando con estas dos últimas preguntas, es posible que estés de nuevo atrapado en el dilema de que tu diálogo interno habla más fuerte que tu diálogo con el alma. Sin embargo, incluso si ese es el caso, puedes pedirle a tu diálogo con el alma que siga hablando mientras tú haces lo mejor que puedas para escuchar con mayor cuidado.

Si lo haces así, puede que te sorprenda, gratamente, cuanta satisfacción descubrirás en tu vida diaria. La elección es tuya: puedes seguir escuchando al diálogo interno que te indica no perseguir lo que más importa, o puedes hacer caso al diálogo con el alma que te indica que debes centrarte en las experiencias más profundas y cualitativas que realmente buscas.

CAPÍTULO 2

CONSCIENCIA

Lo que hay que cambiar en una persona
es la consciencia de sí mismo

—Abraham Maslow

Obtener consciencia puede ser una de las lecciones más importantes que podemos aprender. Y aprender. Y aprender. Sin consciencia, la existencia de alguna de estas lecciones, sin mencionar el valor de sus aplicaciones, permanece escondida para nosotros. La consciencia es un proceso diario y continuo más que un "en este momento tengo consciencia de algo, ¿qué sigue?". ¿Alguna vez te has quemado la mano con el fuego de una hornilla y, luego, quemarte una vez más? Por supuesto, ¡un solo momento de consciencia no es suficiente!

Una vez que nos volvemos conscientes de algo, lo que sigue es la aplicación repetida hasta que logremos verlo de manera natural. Cuando se adquiere una habilidad nueva, se requiere una práctica considerable para aprender a utilizarla con maestría. Probablemente hayas "dominado" el conocimiento consciente de la estufa y, aún así, recibas un recordatorio ocasional para que "prestes atención" cuando te encuentres cerca de cosas calientes.

La falta de conciencia puede ser tan sencilla como conducir por una carretera sumido en un pensamiento o una conversación y pasarse la salida. O dejar las llaves en algún sitio y, luego, buscarlas hasta el cansancio para encontrarlas.

Es como si una parte de la persona estaba allí, digamos "en casa" o "despierto" lo suficiente como para dirigir, frenar, etc., y, otra parte de esa persona estaba en otro lugar al mismo tiempo, algo así como si fueses sonámbulo por la vida (conducir dormido). Dicho de otro modo, podemos tener la suficiente consciencia centrada en el acto de conducir para mantener el coche en la carretera, pero una consciencia insuficiente para tomar la salida correcta.

¿Cómo funciona esto?

Una forma de verlo es reconocer que puedes mover tu consciencia de un lado a otro. Puedes centrarte en tu cuerpo, tu mente o tus emociones; puedes centrarte en lo que tienes exactamente frente a ti, el pasado o el futuro. De hecho, puedes estar consciente de varias cosas al mismo tiempo.

Si dirigimos nuestra consciencia a algo que no sea lo que está justo frente a nosotros, es probable que nos perdamos algo importante, significativo o sustancial, inclusive podemos dejar pasar las opciones que nos ayudarán a llegar a donde vamos (por ejemplo, tomar la salida correcta). Cuando eso me ocurre, mi diálogo interno suele darme una buena dosis de autocrítica: "Idiota". "¡Pon atención!" "¡Despierta!" "Siempre metes la pata". Y todo tipo de comentarios de ese estilo.

Niveles de Consciencia

Podemos desarrollar varios niveles de consciencia; de hecho, probablemente, ya hayas experimentado con la mayoría de ellos. Estos niveles son:

1. Físico: lo que pasa en nuestro cuerpo, incluyendo las sensaciones físicas.

2. Imaginativo: lo que pasa en la imaginación (fantasear, soñar despierto)

3. Emocional: lo que se siente emocionalmente.

4. Mental: lo que piensas sobre algo (este es un poco diferente del nivel imaginativo; se caracteriza por ser un tipo de pensamiento más analítico).

5. Inconsciente: lo que pasa "detrás de escena"; las influencias por las cuales quizá no hayas desarrollado todavía tu consciencia, no obstante está allí.

6. Espiritual o centrado en el alma: lo que sucede en tu consciencia superior, en la fuente de quien realmente eres, tu verdadero ser.

Al igual que en el ejemplo sobre manejar un coche, el reto consiste en estar consciente de varios niveles, simultáneamente, sin distraerse ni centrarse demasiado en el proceso.

Una simple toma de consciencia a menudo puede ser curativa

Una clave importante en mi despertar tuvo lugar en el año 1969, cuando leí el libro de Fritz Perls *"Gestalt Therapy Verbatim"* (Sueños y Existencia. Terapia Gestáltica). Uno de sus principales conceptos me llamó la atención: *la simple consciencia puede ser curativa.*

Perls era un psicoanalista entrenado, pionero en una forma de terapia centrada en el presente en lugar de analizar el pasado. A menudo Perls hablaba del papel de la consciencia para ayudar a las personas a superar diversos problemas o neurosis y, en general, a mejorar su experiencia de vida al descubrir nuevas elecciones.

Perls llamó "responsa-habilidad" al proceso de elegir. Su trabajo popularizó la reformulación de las palabras *responsable* y *responsabilidad* como capacidad de responder (en inglés *response-able*) y habilidad para responder (en inglés *response-ability*), respectivamente. En cualquier situación, tenemos múltiples respuestas, opciones o elecciones disponibles, junto con diferentes niveles de habilidad o capacidad para ejercer esas respuestas.

Un tiempo después tuve la oportunidad de escuchar a uno de sus colegas en el Instituto Esalen, quien parafraseando a Perls afirmó que éste había abandonado el psicoanálisis tradicional porque, según sus palabras, "después de años de análisis, la mayoría de mis pacientes tenían problemas bien analizados". Comprendió que, con el aumento de la consciencia, sus pacientes podían descubrir nuevas habilidades para responder a situaciones previamente desafiantes, en lugar de permanecer atascados en su predicamento actual, reforzado por razones (análisis) del pasado.

A medida que sus pacientes llegaban a ser conscientes de las elecciones que estaban tomando, así como de sus consecuencias, el paciente podía entonces encontrar nuevas maneras de salir del dolor del pasado y el sufrimiento hacia una mejor experiencia de vida. Por lo tanto, *la simple consciencia puede ser curativa*.

La primera vez que me encontré con esta gota de sabiduría y conocimiento intuitivo interno, me sorprendió la sencilla elegancia que tiene. Si siento dolor, y si soy yo quien está haciendo algo para crear ese dolor, puede que lo único que tenga que hacer es ser consciente de lo que estoy haciendo para crear el dolor y tomar una elección diferente para que desaparezca. Eso implica, por supuesto, que no me gusta de manera particular esa sensación de malestar.

Invariablemente, el origen de mi dolor se reduce a alguna elección que he hecho o a alguna elección que me he negado a reconocer o hacer, incluso a la elección de no elegir. La falta de consciencia conduce al dolor o al sufrimiento de un tipo o de otro y a la ilusión de estar atascado.

El impacto de la profunda idea de Fritz Perls de que la *simple consciencia puede ser curativa* sigue influyendo en mi vida hasta el día de hoy, unos 50 años después: sin consciencia, las elecciones parecen escasas. A medida que me vuelvo más consciente, descubro opciones o elecciones que no parecían estar ahí antes.

¿Puede el Dolor ser una Herramienta de Consciencia?

Veamos algo tan aparentemente sencillo como un dolor de cabeza. La respuesta común para un dolor de cabeza es tomar una aspirina u otro medicamento para calmar el dolor. La buena noticia es que el dolor puede desaparecer con la medicación. La no tan buena es que el origen del dolor puede seguir ahí. En pocas palabras, ¿qué pasaría si el dolor sirve como un dispositivo de concienciación que el cuerpo utiliza para hacernos conscientes de algo que necesita de nuestra atención? Minimizar u opacar el dolor puede ser bueno en el momento, pero no hace nada para informarnos sobre la causa o el origen del dolor.

A modo de ejemplo, ¿qué pasaría si un dolor de cabeza fuese el resultado de reacciones emocionales, tensión o estrés retenidos en el cuerpo debido a alguna circunstancia que debe ser abordada (un trabajo difícil, una relación desafiante, el miedo a un cambio próximo, etc.)? Si el factor estresante no se aborda, la tensión puede acumularse, crecer y originar otras complicaciones más graves, mucho más allá del alcance de una aspirina.

¿Qué tal si el dolor de cabeza fuese una herramienta de alerta temprana, que nos avisara de la tensión o el estrés oculto? Si ignoramos el dolor (dispositivo de alerta) durante un tiempo, pueden desarrollarse consecuencias más graves, quizá algo como hipertensión o diversos problemas gastrointestinales (¿alguien con úlcera?).

La frase *la simple consciencia puede ser curativa* comienza a tener un nuevo significado al colocarla bajo esta perspectiva.

Todos conocemos la definición de insensatez como hacer lo mismo una y otra vez esperando obtener resultados diferentes. El reto consiste en volverse consciente de que estamos haciendo lo mismo una y otra vez, como tomar esa aspirina esperando que el problema desaparezca, en lugar de buscar el origen del dolor.

¿Alguna vez te has quemado con una estufa caliente?

Imagínate en la cocina y que, cada vez que estás allí, sientes un dolor intenso y ardiente en la mano. Estoy bastante seguro de que puedes ver hacia dónde nos dirigimos: el dolor proviene de que tu mano toca la estufa caliente.

Una vez que te das cuenta de la estufa caliente y del dolor en la mano, modificas rápidamente tu comportamiento cuando estás cerca de la estufa. ¿Cómo? Simplemente siendo consciente de que una estufa caliente puede quemarte la mano. Con esa consciencia, amplías tu campo de consciencia, valga la redundancia, para notar si la estufa está encendida y emite calor. Si lo está, no tienes que huir de allí, simplemente, conoces la fuente de dolor potencial y trabajas en torno a ella. Con la consciencia, puedes utilizar el calor de la estufa en tu beneficio sin tener que quemarte.

Si, por otro lado, nunca has hecho la relación entre una estufa caliente y la quemada en tu mano, quizá podrías declarar que la cocina es la fuente del dolor y la única opción o solución es evitar la cocina por completo.

Ahora me doy cuenta de que este ejemplo puede parecer simple, en el mejor de los casos. Sin embargo, el mundo está lleno de gente, y me incluyo, que han hecho asociaciones incorrectas y han terminado evitando lo que podría ser una fuente de beneficios: únicamente tenemos que entender (tomar consciencia) del verdadero origen del dolor. Irónicamente, al descubrir el verdadero origen del dolor, podemos terminar liberados y sin dolor.

Una vez que conocemos el origen del dolor, en la cocina por ejemplo, necesitaremos mantenernos conscientes/alertas cuando estemos en la cocina! Caminar dormidos alrededor de una cocina no es una muy buena idea.

Niveles simultáneos de consciencia

La consciencia es algo que se desarrolla con el tiempo, y algo que puede aplicarse en múltiples ámbitos, incluso en varios niveles de consciencia, simultáneamente. Por ejemplo: ¿has tenido alguna vez la experiencia de hablar con alguien sobre algo que te importa profundamente solo para notar que la otra persona no está del todo contigo? Ese es un ejemplo sencillo de ser consciente de tu propia experiencia o proceso y, al mismo tiempo, darte cuenta de lo que ocurre con la otra persona.

Puede que también hayas tenido la experiencia de pensar en un proyecto y, al mismo tiempo, notar cómo se siente tu cuerpo, quizá sienta hambre o tensión o cualquier otro tipo de sensación. Ese es otro ejemplo sencillo de consciencia a nivel mental mientras se es consciente de algo a nivel físico, al unísono. Podríamos sustituir la consciencia física por la emocional y tendríamos la misma idea.

Volviendo al ejemplo de la estufa caliente, estoy seguro que alguna vez te has encontrado en la cocina junto a otra persona. Puedes estar conversando con esa otra persona, darte cuenta de lo que estás pensando o sintiendo mientras hablas, y, al mismo tiempo, cocinar en esa estufa caliente, e incluso adelantarte unos pasos en la siguiente acción que vas a realizar o que tienes que preparar.

De nuevo, un ejemplo muy sencillo, quizá simplista, de mantener varios niveles de consciencia al mismo tiempo. Sin embargo, es probable que hayas necesitado algo de práctica (experiencia) en la cocina antes de poder cocinar y mantener una conversación al mismo tiempo.

CAPÍTULO 3
ACEPTACIÓN

El primer paso hacia el cambio es la consciencia.
El segundo paso es la aceptación.

—Nathaniel Branden

Para nosotros, la aceptación significa simplemente darse cuenta de lo que está ocurriendo sin negar o endulzar la situación. Posiblemente, tu diálogo interno te diga que la aceptación no tiene sentido porque equipara el término con el hecho de que te guste o estés de acuerdo con algo. La aceptación también puede implicar una sensación de resignación o el sentimiento de desesperanza. Cuando alguien está resignado, su diálogo interno puede sonar como: "No me gusta esto y no hay nada que pueda hacer al respecto, así que para qué molestarse. Me rindo".

Tu diálogo con el alma puede estar recordándote que la aceptación significa simplemente darse cuenta de lo que es.

Si estás conduciendo y se te pincha una rueda, no te servirá de nada negar que está pinchada o declarar que la situación es irremediable. La aceptación tampoco sugiere que te "guste" la rueda pinchada. La aceptación significa reconocer la realidad de la situación, lo cual abre opciones o posibilidades. Aceptar que el neumático está pinchado te permite decidir qué hacer a continuación: sacar la rueda de repuesto, pedir ayuda a alguien, llamar a la asistencia en carretera, etc., diferentes opciones según las circunstancias.

La aceptación, por tanto, es la capacidad, incluso la exigencia, de reconocer lo que está sucediendo para poder trabajar con ello.

No Es Lo Que Te Sucede, Sino Lo Que Tú Haces Acerca De Ello

Mi buen amigo W. Mitchell es un ejemplo perfecto de aceptación, y me gustaría compartir aquí un poco de su historia. El 19 de julio de 1971, Mitchell sufrió quemaduras en el 65% de su cuerpo cuando un camión de lavandería giró delante de la motocicleta que Mitchell conducía en San Francisco. Su cara quedó prácticamente quemada y sus manos sufrieron tantas quemaduras que perdió la mayor parte de cada uno de sus diez dedos.

Tras años de dolorosa convalecencia, el 11 de noviembre de 1975 la avioneta que él pilotaba se estrelló al despegar. Se lesionó la médula espinal, quedando paralizado de la cintura para abajo, sin embargo, los demás pasajeros quedaron ilesos.

Hoy es un empresario de éxito y uno de los conferencistas motivacionales más solicitados del mundo con el lema *No Es Lo Que Te Sucede, Sino Lo Que Tú Haces Acerca De Ello*, que es también el título de su bestseller. Esta poderosa declaración suya merece ser destacada: "Antes de estar paralizado había 10.000 cosas que podía hacer. Ahora hay 9.000. Puedo detenerme en las 1.000 que he perdido o enfocarme en las 9.000 que me quedan". Para mí, Mitchell es un ejemplo perfecto de aceptación que lleva al cliché, "cuando la vida te da limones, haz limonada". ¡Sólo que esto no es un cliché!

Es probable que tu diálogo con el alma te anime a reconocer que la aceptación es una de las principales claves para mejorar la vida. Una vez que aceptamos lo que está ocurriendo, podemos empezar a imaginar y a crear elecciones que nos permitan avanzar.

¿Lees las señales o criticas la señalización?

¿Alguna vez has tenido la tentación de «dispararle al mensajero" porque no te ha gustado el mensaje? Si eres como yo, es probable que hayas recibido algún tipo de información o retroalimentación que era precisa pero a la vez desagradable a los oídos. Si eres como yo, es posible que tu diálogo interno haya criticado la forma en que se emitió el mensaje como una forma de evitar escucharlo (aceptarlo), y mucho menos haya tenido la iniciativa de hacer algo al respecto. Como mencioné en la Introducción, al principio de mi vida, me volví bastante adepto a la crítica como una manera de mantener a los demás alejados. Aunque hoy en día soy más consciente, mi diálogo interno todavía tiende a salir a la palestra cada vez que me siento criticado, desviando los comentarios con mis propias críticas. No siempre, pero sí con más frecuencia de lo que me gustaría.

¿Qué es lo que te consume?

Imagina que estás en una relación y que la otra persona te hace saber que no es feliz en la relación, que "simplemente tú no escuchas". Si la noticia te hace un nudo en el estómago, tu diálogo interno puede empezar a buscar las maneras de culpar a la otra persona. Escuchar el comentario (la crítica por no escuchar) puede despertar una serie de sentimientos, que pueden ir desde los sentimientos de dolor y rechazo hasta el resentimiento o la culpa.

Si has pasado por eso, es posible que hayas buscado consuelo en forma de comida. Ya sabes, el tipo de comida reconfortante. Para algunas personas eso significa sopa de pollo y para otras significa pastel y helado con la esperanza inconsciente de que te sentirás mejor como resultado de la comida. En cierto modo, "comer para resolverlo" es como tomar Excedrin para el dolor de cabeza.

En mi caso, sé que me he atiborrado de una buena cantidad de pasteles y helados para acabar sintiéndome peor: el malestar emocional sigue ahí, junto con las razones por las que apareció, y ahora el cuerpo también se siente mal. (¿Has oído alguna vez la frase *algo me está comiendo*?) Si esto te resulta familiar, la próxima vez, en lugar de *comer para resolverlo*, quizá unos minutos de meditación, en conversación con tu verdadero ser, puedan resultar mucho más útiles.

¿Qué pasa con los comentarios de "tú simplemente no escuchas" que te han llevado a "comer de más"? En primer lugar, escuchaste una noticia que te molestó. Por supuesto, es posible que haya habido una serie de señales anteriores a las que tú, simplemente, no prestaste atención, como todas las otras veces que alguien te dijo que no escuchabas. Luego se da una conversación en la que te sentiste herido o asustado. Quizá fue algo así:

1. Oíste una información (soy infeliz en esta relación) y la tradujiste en que esa persona está pensando en dejarme, lo que te llevó a un malestar emocional o al miedo (diálogo interno: *Oh, no, me quedaré solo otra vez*).

2. Luego, empezaste a notar cierta angustia física, ya que las emociones se dispararon en el estómago y te pusiste tenso.

3. Entonces tu diálogo interno empezó a decirte que comer te ayudaría a sentirte mejor (lo que podría remontarse a cuando eras un bebé, llorabas porque estabas molesto por algo y mamá te metía un biberón en la boca, creando así la asociación con sentirse molesto y recurrir a la comida).

4. Entonces te sentiste aún peor (malestar estomacal por la comida aunado al malestar estomacal por las emociones).

En este ejemplo, tenemos varias cosas ocurriendo al unísono, incluso mentalmente, emocionalmente, físicamente y en el inconsciente.

¿Te suena esto algo familiar? Si es así, se podría acceder a cada uno de estos niveles de conciencia, de hecho, es necesario acceder a ellos, tanto para manejar la situación actual (el malestar) como para aprender de ella, de modo que no te condenes a repetirla o que tu miedo (de ser abandonado) se convierta en realidad.

Si pudiéramos rebobinar la cinta hasta el momento en que te dijeron por primera vez que "simplemente, no escuchas", tu diálogo con el alma probablemente se dio cuenta de lo que estaban diciendo y puede haberte animado a asimilarlo (aceptación), a descubrir cómo podría ser eso para ellos y a descubrir qué haces tú para que parezca que no escuchas. Es posible que el diálogo con el alma se haya dado cuenta de los avisos emitidos por la "señalización", pero tu diálogo interno estaba demasiado ocupado criticando a esa señalización.

Ignorar las señales emitidas por la persona que amas o, peor aún, criticarla por hacértelo saber, son formas diferentes de dispararle al mensajero.

Mientras tu diálogo con el alma escuchaba las palabras, tu diálogo interno pudo haberlas traducido en otra cosa, con un significado muy diferente. Una vez más, algo inconsciente podría estar ocurriendo aquí; puede que hayas estado escuchando sus palabras a través de los filtros de lo que oías mientras crecías cada vez que mamá y papá estaban en desacuerdo sobre algo, o incluso cómo ellos evitaban estar en desacuerdo. Lo que hayas escuchado entonces, así como lo que hayas observado sobre cómo manejaban la situación, pudo haberse traducido en una decisión inconsciente: *siempre que escucho este tipo de cosas, significa*. . . . Nuestro diálogo interno tiene una excelente memoria para las amenazas percibidas, la negatividad o los defectos de cualquier tipo.

En cualquier punto de la línea, el aumento de la consciencia de tu diálogo con el alma puede haber sido suficiente para que corrigieras tu rumbo. Si hubieras escuchado el mensaje original de "tú simplemente no escuchas" y hubieras seguido el consejo de tu diálogo con el alma para entender lo que acababas de escuchar, en lugar de criticar al mensajero, podrías haber mirado profundamente ese feedback que recibiste y examinar de cerca tu propio comportamiento y reacciones. A partir de allí, podrías haber descubierto nuevas opciones sobre cómo escuchar mejor, sobre cómo comprometerte más con tu pareja, o cualquier cantidad de otras elecciones.

Si te hubieras dado cuenta de que tu estómago estaba siendo afectado por las reacciones emocionales provocadas por el "tú simplemente no escuchas", podrías haber accedido a percepciones y elecciones adicionales, que van desde reconocer los momentos en los que no escuchas hasta abrirte a tu pareja para fomentar la intimidad.

Puede que hayas notado el código de cableado incorporado que te decía que la mejor respuesta era "come para resolverlo".

La noción clave aquí es que la aceptación y la consciencia son necesarias para percibir las elecciones. Si no soy consciente, bien porque esté en negación, o de otra forma ciego o sordo a lo que sucede en mi interior, es posible que no pueda percibir las elecciones, o incluso reconocer las elecciones que estoy haciendo (o negando). Aunque la *simple consciencia puede ser curativa*, no siempre es fácil abrirse a ella o aceptarla, sobre todo si nuestro diálogo interno está acostumbrado a ser defensivo o crítico.

¿Dónde estás ahora?

El primer paso en cualquier viaje tiene que empezar por el lugar en el que te encuentras (la consciencia), por lo que dedicaremos algún tiempo a hacer un balance de las circunstancias actuales de tu vida: lo que tienes que te gusta, lo que tienes que no te gusta y cómo te gustaría que cambiaran las cosas.

Alicia en el País de las Maravillas puede ser, asombrosamente, instructiva en este punto. Parafraseando con un poco de libertad artística, cuando Alicia le dijo al Gato de Cheshire que no sabía a dónde quería llegar, el Gato de Cheshire le respondió: "Entonces cualquier camino te servirá". Cuando Alicia protestó que debía llegar a algún sitio, el gato de Cheshire le respondió: "y seguramente lo harás".

Uno de los dilemas de la vida se centra en la distinción entre lo que más importa y lo que yo podría estar dispuesto a aceptar, por lo que podría estar dispuesto a conformarme. Para mí, esta noción de conformarse con algo menor es a lo que se refería Eric Hoffer cuando escribió: "Nunca podemos tener suficiente de lo que realmente no queremos. Lo que queremos es autoconfianza y autoestima justificadas. Si no podemos tener las originales, nunca podremos tener suficiente de los sustitutos".

Esto puede ser bastante sutil: a veces quiero algo por codicia, a veces por "si sólo lo tuviera entonces estaría bien", y algunas veces es algo que realmente importa en lo más profundo de mi verdadero ser. Para que quede claro, no estoy hablando de algo tan prosaico como qué coche conducir (Me he conformado con rellenar un espacio en blanco y en realidad quería rellenar un espacio en blanco) o qué moda llevar. ¿Qué es lo que realmente importa muy dentro de mí, lo que realmente le importa a mi verdadero ser?

El problema es que nuestro diálogo interno puede llegar a ser insistente sobre lo que deberíamos querer de la vida, a menudo basado en lo que pudimos haber escuchado de otras personas, en un rango que va desde nuestros padres hasta el poder de la publicidad moderna. Nuestro diálogo con el alma, que está conectado con nuestra sabiduría más profunda, un tipo de conocimiento que trasciende las creencias y las opiniones de los demás, habla con una voz más sutil, animándonos a mirar más allá de los objetos que deseamos, y a indagar en la experiencia más profunda que pudiéramos estar buscando. Mientras vas leyendo, considera hacerte esta pregunta en lo profundo de tu mente: ¿dónde podría estar conformándome con algo menos de lo que mi verdadero ser está buscando?

CAPÍTULO 4

GORGOJOS Y RUEDAS: EL BANQUETE DE LA VIDA

Empieza por hacer lo necesario; luego, haz lo posible;
y, de pronto, estarás logrando lo imposible.

—San Francisco de Asís

Practica este ejercicio mental por un momento: imagina que, en este momento, estás disfrutando de la vida, tomando un paseo por el campo y comiendo cacahuates de una bolsa que tienes en tus manos; estos cacahuates son la fuente base de tu nutrición. Sin embargo, están infestados de gorgojos (un tipo de escarabajo). No parece apetitoso, ¿verdad? ¿Qué tal te va en términos de proteínas? Con los cacahuates, no está mal. Incluso mejor si tienes en cuenta los gorgojos. (Sí, ya lo sé, no es uno de mis mejores chistes, pero es lo que tengo en este momento).

Mientras te mueves por la vida con tus cacahuates y tus gorgojos, te das cuenta que hay un banquete a cierta distancia de ti. Los avisos anuncian que se trata del "Banquete de la Vida". Todo lo que podrías esperar en términos de tus alimentos favoritos, nutrición completa y sabores exquisitos está allí. Has sido invitado a la mesa. ¡TÚ!

Cuando intentas acercarte a la mesa, alguien te detiene, pues ha visto los gorgojos que llevas en la mano, y te dice: "Espera un momento. No se permiten cacahuates con gorgojos en la mesa del Banquete de la Vida".

Entonces, ¿qué haces ahora? Podrías soltar los cacahuates y los gorgojos, dejar que los gorgojos se dispersen mientras los ratones se comen tus cacahuates, y seguir hacia la mesa del banquete. Pero tu diálogo interno se impone: "¿Y si esto que estoy viendo es una ilusión? ¿Qué tal y ese banquete no existe? ¿Y si se trata de una broma de alguien que intenta burlarse de mí? O ¿qué pasa si llego y ya se lo han comido todo? O ¿qué pasa si estoy a punto de entrar en la sala del banquete y alguien me dice que no soy bienvenido?".

¿Te suena familiar? Nuestros sueños están ahí fuera pero, para llevarlos a cabo, puede que tengamos que soltar lo que tenemos en este momento, aquello a lo que nos aferramos. Sin embargo, en el momento en que nos desprendemos de ello, podemos experimentar la sensación, algo incómoda, de no tener nada.

¿Has tenido la experiencia de dejar ir algo de menos valor, en búsqueda de algo más satisfactorio o valioso? Si es así, puede que también hayas encontrado algunos amigos o el mundo en general que te digan que debes estar loco, que algo debe estar mal con tu visión o tu objetivo. "¿Por qué ibas a renunciar a ese trabajo bien pagado para perseguir un sueño imposible?" Si esto te resulta familiar, es posible que también hayas notado tu diálogo interno junto a los que critican tu elección: "¡Te dije que esto sería una locura!".

En el momento en que te planteas desprenderte de algo, puede surgir uno de los conflictos internos más interesantes de tu vida: "Bueno, puede que no sea mucho, pero al menos sé lo que tengo". Para algunos, eso es lo más lejos que llega su vida: un montón de cacahuates contaminados con gorgojos y anécdotas sobre banquetes que podrían haber sido una realidad.

En su clásico libro de 1936, *Piense y Hágase Rico - Think and Grow Rich-*, Napoleón Hill escribió: "No se requiere más esfuerzo para aspirar más alto en la vida, para exigir abundancia y prosperidad, que el que se requiere para aceptar miseria y pobreza". Dicho de otro modo: en la vida, no se necesita más energía para aspirar a mejorar las circunstancias que la que utilizamos para aceptar los cacahuates contaminados con gorgojos.

Llegar a la mesa del banquete puede significar la necesidad de tomar cierto grado de riesgo. De hecho, el riesgo es real; sin embargo, como exploraremos en el Capítulo 11 sobre la Elección, puedes elegir: tomar el riesgo, crear una estrategia para mitigarlo y seguir adelante; o puedes elegir: quedarte donde estás porque "el riesgo es, simplemente, demasiado grande".

¿Alguna vez has querido algo, te has partido el lomo para conseguirlo y, luego, terminar preguntándote por qué lo querías en primer lugar? Si eres como yo, entonces la respuesta es un rotundo "¡Sí!". El objeto de tu deseo podría haber sido cualquier cosa, desde una casa, un automóvil, un traje o incluso algo, aparentemente, más importante como cierto trabajo, una relación o cualquier otra cosa que te imagines.

En esta sección, examinaremos diferentes aspectos de la vida que van desde la salud y la riqueza hasta la familia y los amigos, desde el crecimiento personal y espiritual hasta la diversión o la aventura. A medida que revisemos cada área, es posible que descubras que has podido experimentar diferentes niveles de satisfacción o realización personal con lo que has creado o con ciertas elecciones que puedes haber tomado en el camino. Algunas áreas pueden parecer ir mejor que otras, algunas pueden considerarse sueños cumplidos, mientras que otras pueden ser menos ideales, algo con lo que te has conformado en el camino.

EJERCICIO

La Rueda de la Vida: ¿Qué Quieres del Banquete de la Vida?

Veamos más de cerca cómo puedes empezar a hacer la transición de los cacahuates infestados de gorgojos a tu propio banquete de la vida.

Para que la siguiente sección sea efectiva, prepara una lista de lo que has acumulado hasta ahora en tu vida y, luego, clasifícala en tres niveles. Tu lista puede incluir cosas como trabajos, carreras o títulos académicos; automóviles, casas o cuentas bancarias; amigos, relaciones o círculos sociales. El nivel más alto representa aquellos logros o experiencias que no cambiarías por nada; el segundo nivel incluye elementos que están bien, pero no son extraordinarios; y el tercer nivel incluye aquellas circunstancias que preferirías dejar pasar a cambio de algo mucho más satisfactorio. Observa bien si alguno de los elementos de tu lista es equivalente a los cacahuates infestados de gorgojos, algo con lo que quizá te hayas conformado, en lugar de esforzarte por conseguir algo más.

La Rueda de la Vida es, simplemente, una forma de examinar gráficamente dónde te encuentras en la vida en varias dimensiones. A continuación encontrarás un primer diagrama de la Rueda:

La Rueda de la Vida

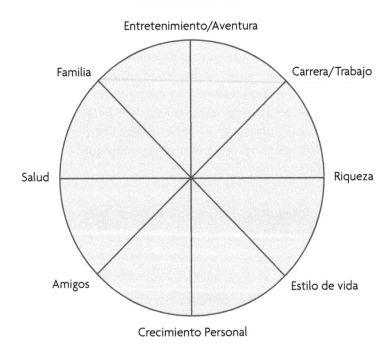

Por favor, siéntete libre de cambiar cualquiera de estas partes o dimensiones de la rueda. He proporcionado algunas de las áreas más comunes que veo en mi trabajo de ayuda y entrenamiento personal (coaching). Otros enfoques de la rueda podrían ser:

- *Roles que desempeñas en la vida.* Los ejemplos pueden incluir ser: cónyuge, padre, gerente, colega, miembro de un equipo, entrenador, líder de un equipo, amigo, miembro de la familia o sostén de la familia.

- Áreas de vida importantes para ti. Los ejemplos podrían incluir la expresión artística o creativa, la actitud positiva, el crecimiento personal, el crecimiento espiritual, la carrera, la educación, la familia, los amigos, la libertad financiera, los desafíos físicos, los placeres o el servicio público.

- *Combinación de roles y áreas importantes.* Siéntete en libertad de hacer esto de manera personal, reflexiona sobre prioridades o áreas de interés.

Para trabajar con la Rueda, observa cada radio o dimensión que se representa y considera que el centro tiene el valor de cero y la línea externa de cada radio representa un valor de 100 en términos de cuán satisfecho estás en cada área.

El primer paso es colocar un punto sobre la línea en algún lugar entre cero (el centro) y 100 (la línea externa que marca el círculo). Ese punto representará el nivel actual de satisfacción que tienes para cada uno de los ocho elementos. Por ejemplo, si estás completamente satisfecho con tu salud, puedes colocar el punto en el borde del círculo; si estás satisfecho en un 50 por ciento, colocarías el punto en la línea de salud en la mitad entre el centro y el borde del círculo. Haz esto para cada uno de los ocho elementos elegidos en la Rueda.

Una vez que tienes los ocho puntos en su lugar, continúa y conéctalos. Puedes terminar con algo como lo que te muestro a continuación:

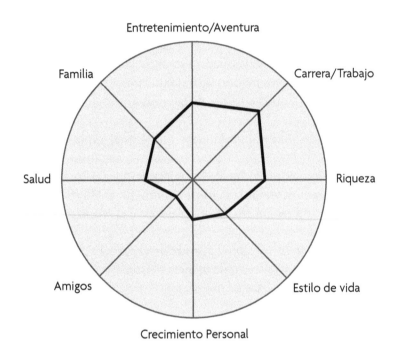

Puedes, probablemente, ver por qué llamamos a este diagrama la Rueda de la Vida. Si los puntos conectados terminan creando una rueda irregular, algo parecido a la figura anterior, imagínate esta rueda deformada en tu carro o bicicleta. ¿Cómo sería el recorrido? ¡No muy agradable!

Cuando el recorrido resulte accidentado, ¿qué diría probablemente tu diálogo interno? ¿Lo que te menciono a continuación te resulta familiar?

• ¿Quién es el responsable de mantener esta carretera?

- El carro debe tener una suspensión pésima.

- ¡Quisiera tener un carro nuevo, pero no puedo comprarlo!

- ¿A quién engaño? He tratado de hacer este trabajo antes y siempre me quedo corto. ¡Nunca podré avanzar!

¿Qué sugiere la forma de tu rueda acerca de dónde te enfocas en comparación con los resultados o experiencias que más deseas? ¿Cuánto tiempo y energía le estás dedicando a las diferentes áreas de tu rueda? ¿Cuál es la relación entre el foco y el tiempo invertido en cada área en relación con la satisfacción que experimentas?

Si no estás invirtiendo tiempo y energía en una de las áreas, podría ser la razón por la que tu rueda esté algo deformada en esa área. Y eso podría funcionar bien para ti si no te importa el paseo accidentado. Podrás estar eligiendo sacrificar a tu familia o tus amigos a favor de tu carrera, en este momento. De nuevo, te repito: eso está bien si sabes lo que estás haciendo y no te importa el resultado.

Para algunos de nosotros, una o más áreas de la rueda estarán mucho más bajas que otras y aparentemente fuera de control. Si has perdido tu empleo o has tenido serios problemas de salud, será mucho más comprensible que esa área esté baja en la escala. Sin importar la situación que sea, teniendo a Mitchell como tu luz guía, tu diálogo con el alma puede ofrecerte más oportunidades y opciones para mejorar que las que pueda sugerirte tu diálogo interno.

La pregunta verdadera es: ¿qué puedes hacer en relación con cualquiera de estas áreas? ¿Qué puedes hacer para lograr el equilibrio relativo de toda la rueda?

El Mito del Balance

Dado que estamos trabajando con la Rueda de la Vida, parecería natural suponer que el objetivo es una rueda perfectamente equilibrada.

Sin embargo, aquí se esconde una ilusión profunda. ¿Cuál es la ilusión? Podríamos tener una rueda perfectamente equilibrada en la que todas las dimensiones estuviesen en cinco en una escala de 100. Si las ocho dimensiones tuviesen el valor de cinco, entonces, en efecto, tendríamos una vida miserable perfectamente equilibrada. Es obvio que esta versión del equilibrio NO es nuestro objetivo.

El equilibrio es uno de esos objetivos falsos en la vida que siempre parecen importantes y, sin embargo, son inalcanzables. En mi experiencia, el equilibrio es un mito, junto con su prima hermana, la estabilidad.

En mi trabajo como consultor y coach, he atendido a incontables personas que buscan, con desesperación, un mayor equilibrio y estabilidad en la vida. El equilibrio entre la vida y el trabajo es un tema importante para todos. Es importante notar que el primer término es casi siempre *"trabajo"*. El énfasis en *"trabajo"* es totalmente comprensible, especialmente, por la manera como la mayoría de nosotros ha programado el diálogo interno para avanzar, para trabajar aún más, para "hacerlo mejor".

A medida que las compañías empujan a las personas a trabajar más y por más tiempo, a trabajar, prácticamente, a cualquier hora y en cualquier parte, el estrés sobre las familias y las relaciones crece a niveles insostenibles. Durante los años ochenta, surgieron movimientos importantes enfocados en la creación de un balance entre "el trabajo y la vida". El virus de COVID-19 y la fatiga del Zoom se han sumado al estrés y la necesidad de encontrar el "balance".

Los programas de bienestar han proliferado y se han enfocado en "calidad" por encima de "cantidad", con un énfasis en pasar tiempo de calidad con la familia (para que no te sientas mal por la cantidad de tiempo que pasas en el trabajo). Muchas compañías ofrecen entrenamiento en atención plena (mindfulness) y meditación; muchos con intenciones altruistas y el objetivo de ayudar a las personas a encontrar un mayor equilibrio interno.

Mientras que el balance y la estabilidad parecen deseables, el desafío se encuentra en la implicación de que, de alguna manera, podremos alcanzar ese estado de equilibrio o estabilidad, algo estático que no se mueve o no cambia. Sin duda, es un objetivo admirable, pero no se corresponde con el mundo real.

Todo en el planeta está en estado de cambio, incluso los grandes elementos estables como el Peñón de Gibraltar o el Monte Everest. Claro, ambos son, aparentemente, "constantes"; sin embargo, ambos están en constantes procesos de cambio aunque sean diminutos. El viento, la lluvia y los elementos, en general, hacen que, a través de la erosión, ocurran cambios diminutos en cada uno de ellos.

Entiendo el deseo de buscar la estabilidad. Es reconfortante saber que el hogar está justo donde lo dejamos, que la próxima paga llega a tiempo y que nuestras relaciones son fiables. Sin embargo, los trabajos o las necesidades laborales cambian, el hogar necesita atención, y las relaciones implican el paisaje mental, físico y emocional siempre cambiante del simple hecho de ser humano. Para tener éxito en cualquier empresa, en lugar de buscar la estabilidad (que implica la ausencia de cambios), sería más prudente detectar las señales de cambio para poder ajustarnos y adaptarnos cuando sea necesario.

El equilibrio es similar y, quizá, más complicado. Los gimnastas, y el potro, en particular, nos muestran un gran ejemplo de conflicto entre el deseo de equilibrio y el mito de que este es alcanzable. Los buenos entrenadores le recordarán al gimnasta que el equilibrio perfecto (rígido) no es el objetivo, pues sugeriría la completa ausencia de movimiento. En su lugar, les enseñan el arte de las microcorrecciones constantes, lo que yo llamo "balanceo".

El balanceo requiere de una gran consciencia y aceptación, la habilidad de notar aquello que puede cambiarse y, así, realizar las correcciones menores (o mayores) que sean necesarias para mantenerse "en balance".

Lo mismo ocurre en nuestra vida personal o profesional. Todos hemos oído decir que "el cambio es lo único constante"; sin embargo, rara vez tenemos en cuenta sus implicaciones cuando buscamos estabilidad y equilibrio.

Puede que notes algunas áreas de tu rueda en las que te va mejor que en otras, y decidas centrar tu trabajo en un área que necesite de una mayor atención. Mientras atiendes esa sección de tu rueda, estás en el proceso de hacer un "ajuste en tu equilibrio". Durante ese proceso, el "equilibrio energético" puede cambiar en otras áreas o aspectos al mismo tiempo. Será casi imposible alcanzar ese estado mitológico de equilibrio perfecto; sin embargo, puedes estar en ese estado perfecto de "balanceo".

¿Te parece que esto tiene sentido para ti? En mi experiencia, crear una mayor plenitud requiere de una consciencia continua: notar las múltiples dimensiones de mi vida a medida que ajusto mi enfoque y mis actividades, a medida que paso de una a otra. Aunque nunca llegue a alcanzar ese estado mitológico de equilibrio perfecto y estable, me estoy balanceando muy bien. O, quizá, debería decir que me *rebalanceo* muy bien.

Las ruedas deformes o ladeadas parecen ser normales, independientemente de las condiciones externas. El valor de la rueda es ayudarnos a reconocer dónde podríamos beneficiarnos de enfoques y trabajos adicionales. Puedes preguntarte cómo es tu Rueda ahora y cómo te gustaría verla dentro de un año.

Con una claridad adicional sobre cómo te gustaría que la Rueda cambiase, puedes comenzar a hacer progresos, progresos realistas, en una o más de las áreas. Por ejemplo, imaginémonos que te gustaría mejorar tu estado de salud. ¿Qué sucedería si haces de tu salud una prioridad? ¿Podría hacer una diferencia si comenzases a ejercitarte así sea un poquito? ¿Qué tal si tomases cinco minutos? ¿Tres veces a la semana? ¿Una vez al día? Así como veremos más tarde en este libro, un simple "micro paso", como cinco minutos de ejercicio es suficiente para comenzar a moverte. Una vez que comienzas tu movimiento, puedes descubrir que es más fácil seguir moviéndote, hacer cada vez un poco más. De esta manera, lentamente quizá, comenzarás a experimentar la clase de cambio que realmente buscas. No es pasar de "cero a héroe", pero hacer un pequeño progreso hacia la dirección deseada.

¿Y si quieres mejorar tu riqueza? ¿Te imaginas ahorrar un dólar a la semana? Seguramente 52 dólares no significarán que seas rico, pero podría significar que estás en el camino. Una vez que un dólar a la semana parece fácil, puede ser más fácil pasar a un dólar al día; y continuar, y continuar y continuar. Independientemente del estado de la economía, seguirá dependiendo de ti hacer lo que puedas para mejorar tu situación actual. Lo mismo ocurre con cualquier otra área que parezca desequilibrada: ¿qué puedes hacer para marcar la diferencia? ¿Incluso una pequeña diferencia?

Mientras reflexionas sobre cada una de tus ocho áreas e imaginas cómo te gustaría que cambiaran las cosas durante el próximo año, pregúntate: ¿hay una o dos áreas que, si mejoraran, supondrían una diferencia significativa en la forma en que experimentas tu vida? No tienes que tenerlo todo resuelto todavía en cuanto a cómo vas a llegar allí, sólo necesitas una imagen o una visión de cómo sería la mejoría o cómo se sentiría el cambio una vez que llegues.

Resiste la tentación de rechazar este consejo, aparentemente simple, escogiendo algo realmente alejado de tu realidad actual, pues, al hacerlo, cualquiera descartaría la elección. Por ejemplo, si tienes deudas, no tienes trabajo y estás en la quiebra, probablemente no será de ayuda decir que tu objetivo es ser millonario a finales de año. Sin embargo, sin un sueño o un objetivo mejor que la realidad que tienes, no tendrás la motivación de realizar lo que puede hacer la diferencia en la vida.

Si mantienes la versión de cacahuates infestados de gorgojos, será difícil encontrarle inspiración, entusiasmo, logro o significado a tu vida. ¡Y, te apuesto, que tú no aspiras a una bolsa de cacahuates infestados de gorgojos!

Así que tomemos el siguiente paso.

Levántate por tus Sueños

¡Si puedes soñarlo, puedes lograrlo!

—WALT DISNEY

Cada uno de nosotros posee el poder de crear la vida de manera mucho más amplia de lo que jamás hemos soñado; sin embargo, algunas veces, acabamos conformándonos con menos, mucho menos. Y, ahí tenemos una gran paradoja: soñar no nos va a llevar a dónde queremos ir, pero, si no nos permitimos soñar, ¡no hay ningún lugar al que llegar!

A veces, no nos permitimos soñar porque nuestro diálogo interno, permanentemente, nos recuerda que soñar es de tontos, algo realmente alejado de la realidad y, simplemente, no vale el esfuerzo. O quizá, puede estar diciéndonos que nuestros sueños son solo fantasías que pueden convertirse en pesadillas si los perseguimos. ¿Quién necesita más pesadillas, o quizá, desencantos más profundos en su vida?

Tu diálogo interno puede recordarte algunas experiencias pasadas cuando te permitiste soñar y luego volviste estrepitosamente a la realidad cuando determinaste que no tenías ni la fuerza, ni la voluntad, ni las habilidades necesarias para hacer de tus sueños una realidad. Tu diálogo interno tiene la evidencia de que los sueños no funcionan: *¡Solo mira nuestra vida! ¿Cuántos de esos sueños se han vuelto realidad? No hay ninguna necesitad de soñar en imposibles y terminar decepcionados. Después de todo, estos cacahuates no son tan malos, ¿verdad?*

Sé que he tenido sueños y que no he hecho el trabajo necesario para alcanzarlos o, quizá, me he frustrado al imaginar los aparentes e inevitables obstáculos que pueden surgir en el camino. La duda, la crítica, el "pensamiento pestilente" han sido los mayores obstáculos que han evitado que yo tome el camino. ¿Les parece familiar?

También es posible que hayan tenido la experiencia opuesta. Quizá comenzaron a perseguir un objetivo o un sueño, tuvieron algunos inconvenientes que los detuvieron, pero se levantaron y continuaron el camino. El secreto es levantarte cada vez que te caigas.

Soñar por sí solo no funciona, pero trabajar en tus sueños sí. Tienes que ponerte de pie para lograr tus sueños, tienes que comenzar a actuar para alcanzarlos.

¿Qué es lo que quieres? ¿Realmente?

«¿Qué es lo que quieres?" es una de las grandes preguntas de la vida; una que puede ser sorprendentemente difícil de responder. O por lo menos, responderla de manera que sea tanto sostenible como sustentable.

Como Hoffer nos recuerda: *"Nunca podremos tener suficiente de lo que realmente no queremos,.. Y huimos más rápido y más lejos de nosotros mismos"*.

Muchas veces se ha mencionado al Dalai Lama en Internet, por su respuesta a la pregunta sobre qué era lo que más le sorprendía de la humanidad. Supuestamente, la respuesta del Dalai Lama fue la siguiente: "El hombre. Él sacrifica su salud para ganar dinero, sacrifica su dinero para recuperar su salud; además, está tan ansioso por el futuro que no disfruta del presente. El resultado es que no vive ni en el presente ni en el futuro; vive como si nunca fuera a morir y luego muere, sin haber vivido realmente".

Curiosamente, no existe una información bibliográfica real que responda por estas palabras de Su Santidad. Para algunos, la falta de información sobre la cita es suficiente para eliminar la sabiduría inherente que se encuentra en ella. Para mí, y para los fines de este libro, no importa si el Dalai Lama lo dijo o no. Si hay siquiera un matiz de verdad o relevancia en estas palabras, entonces ¿qué importa quién lo dijo?

La verdadera pregunta que debemos hacernos es: ¿Esto suena como una verdad para ti? Si es así, ¿qué diferencia habría si escucharas más atentamente a esa parte de ti que sabe, de manera natural, cuando oye la verdad? Puede que notes dos debates dentro de tu cabeza: uno argumentando que es una tontería y el otro, hablándote en un tono mucho más calmado, animándote a que consideres cómo puedes utilizar esa verdad en ti y en tu vida; no si es aplicable, sino cómo se aplica en tu vida.

Los Símbolos frente a La Experiencia

Ahora que tu rueda te ha dado una mejor imagen sobre dónde puedes centrarte, podría ser útil hacerle un par de preguntas clarificadoras a tu verdadero ser, para sostener un diálogo con tu alma. A medida que profundizamos en esto, puedes notar que surgen múltiples respuestas a preguntas sencillas sobre lo que quieres de la vida. Es posible que tu diálogo interno trabaje horas extras para convencerte de que ciertos objetos de tu deseo son más importantes que otros. En cierto modo, hay una jerarquía en lo que quieres. Abraham Maslow, verdaderamente, aclaró este punto cuando escribió la "jerarquía de las necesidades" entre los 1940 y 1950. Utilizó los términos *fisiológico, seguridad, pertenencia* y *amor, estima* y *autorrealización* para describir los patrones o las etapas a través de los cuales los comportamientos humanos, por lo general, se mueven o evolucionan.

Está claro que si necesitas comida, agua o cobijo, será difícil centrarte en otros niveles como relaciones o autoestima.

Teniendo en cuenta que tenemos necesidades diferenciadas, afinemos un poco más nuestro enfoque en este punto. Observa los diferentes radios o partes de tu Rueda de la Vida, y examina cada una de esas área un poco más de cerca en relación con los siguientes dos aspectos: ¿Qué es lo que quieres obtener en cada área? y, tal vez más significativo, ¿qué es lo importante en lo que quieres, cuál es el propósito, "por qué" lo quieres?

Cuando digo "por qué" quieres algo, no te pregunto sobre la lista de respuestas "lógicas", ni por explicaciones, ni por las defensas que puedas tener. En lugar de ello, considera como respuesta qué esperarías experimentar si tuvieses suficiente de lo que ese radio de la rueda representa para ti.

Para explicar este ejercicio, veamos los Símbolos de lo que quieres y comparémoslos con las Experiencias que esperas obtener como resultados. En muchos sentidos, Eric Hoffer se refería a los Símbolos cuando escribió: *nunca tendrás suficiente de aquello que realmente no quieres.*

Para trabajar cada radio de tu rueda, pasa algún tiempo completando el ejercicio de *Símbolos frente a La Experiencia* para aclarar lo que quieres en cada una de las áreas, y la razón de su importancia para ti. Tu diálogo interno podría estar molestándote en este punto: *¿Para dónde va este tipo con esto? Está suficientemente claro por qué queremos más dinero, un mejor empleo, etc.* Sin embargo, tu diálogo con el alma podría estar *impulsándote* a que lleves a cabo un análisis más profundo.

(Por cierto, la raíz de la palabra *encourage* [animar] es *courage* [ánimo, fuerza] y significa *dar o imprimir ánimo o fuerza a alguien*. Para muchas personas *courage* [ánimo, fuerza] está relacionado con coraje, valentía, bravuconería o intrepidez. Si buscas la etimología de la palabra, encontrarás que proviene del latín y el francés para *corazón (coeur)*. El sufijo *-age* procede del latín *sapere* que significa *tener buen gusto o ser sabio*. Por lo que *courage* realmente significa "tener la sabiduría del corazón". ¿Y, dónde reside el diálogo del alma? ¡En el corazón, por supuesto! Al explorar estos temas, mantengamos presente la mente [diálogo interno] y el corazón [diálogo con el alma] con igual peso, para que podamos discernir tanto los niveles prácticos como los niveles más profundos de la experiencia o el significado que buscas en la vida. Es posible que tu diálogo con el alma esté animándote a mirar más profundamente dentro de ti).

Cómo saber lo que realmente quieres

En el ejercicio siguiente, completa la columna de la izquierda del cuadro con cada una de las áreas de tu rueda. La columna de la izquierda, marcada como "Símbolos", representa las cosas tangibles en las que a menudo la gente se enfoca en la vida, con la esperanza de poder centrarse luego en algo mejor que esté en camino. Yo llamo a esta conducta "el pensamiento de *si solo...*" "Si solo tuviese (cierta cantidad de) dinero". "Si solo tuviese una casa mejor, un carro nuevo, un mejor trabajo, etc." Para algunas personas, las relaciones pueden relegarse a un nivel de cosa o Símbolo. Piensa en esas personas que trabajan para encontrar la "relación perfecta como un trofeo"; no por la calidad de la relación, sino por las ventajas que esperan conseguir después de encontrarla.

El punto aquí es delinear, lo más francamente posible, en lo que te estás enfocando en la vida, aquellas *cosas* que quieres o de las que quieres más. Estas *cosas* van en la columna de la izquierda.

SÍMBOLOS	EXPERIENCIAS
Dinero o riqueza	
Casa	
Salud	
Juguetes (palos de golf, botes, etc.)	
Viajes	
Relación perfecta	
Trabajo	
Carrera	
Etc.	

A partir de aquí, tómate un tiempo para reflexionar sobre la pregunta: "¿Por qué quiero esas cosas?", "¿Qué espero se haga realidad si yo llego a tener (el trabajo, el dinero, la casa) lo que quiero?". Una pregunta más refinada sería: "¿Qué experiencia ando buscando?", "¿Si tuviese el carro correcto, la casa, el dinero, qué estaría experimentando?". Haz lo mejor que puedas para incluir la voz de tu diálogo con el alma en esta conversación. Pasa por alto el obvio contraargumento de tu diálogo interno: *Claro, yo quiero más dinero porque así podría comprar más cosas, tomar las vacaciones que quiero, etc.*

Muchas de las personas con las que he trabajado dirían que quieren más dinero. Cuando les pregunto para qué o qué cosa haría el dinero por ellos, escucho respuestas variadas sobre las cosas que podrían hacer o comprar o los viajes que podrían realizar, etc. Sin embargo, luego les pido que vayan un poco más profundo en el aspecto de la experiencia: "¿Qué experiencia o experiencias positivas asocias con la tenencia de más dinero?".

De Manera Que

Otra forma de acercarse a la distinción entre las columnas de la izquierda y la derecha es insertar la frase "de manera que" entre las dos columnas: Yo quiero (llena el espacio) *de manera que* yo pueda experimentar (llena de igual manera este espacio). Necesitas hacer esta lectura con la inserción de la frase "*de manera que*" varias veces antes de que surja el significado profundo; antes de que aparezca la respuesta con el *de manera que* profundo.

¿Cuáles son esas experiencias que busca tu verdadero ser que provienen de ese "*de manera que*" profundo? A medida que revisas la columna de Símbolos, deja que tu diálogo con el alma te suministre las respuestas, y luego coloca, en la columna de la derecha, esas experiencias provenientes de tu "*de manera que*" profundas. Podrías obtener algo parecido a la figura de la página siguiente.

En esa figura, dinero es una de las respuestas a la pregunta de "¿Qué quieres?" Cuando pregunto con qué asocias, positivamente, esas experiencias profundas manifestadas por tus "*de manera que*" y relacionadas con tener suficiente dinero, la mayoría de las personas responde con algo parecido a querer una mayor libertad, seguridad, sentido de poder o logro y paz mental. Luego, les pregunto: "¿Conoces a alguien con mucho dinero que no tenga mucha libertad, seguridad o paz mental?" Howard Hughes podría ser el ejemplo de alguien que tiene muchísimo dinero y no tiene ni mucha libertad, ni seguridad, ni paz mental.

SÍMBOLOS	EXPERIENCIAS
Dinero o riqueza	Libertad
Salud	Seguridad
Casa	Diversión
Carro	Entusiasmo
Juguetes (palos de golf, botes, etc.)	Felicidad
Viajes	Amor
Relación perfecta	Paz mental
Trabajo	Éxito
Carrera	

Por supuesto, siempre puedes hacer la pregunta a la inversa: «¿Conoces a alguien que no tenga mucho dinero y que aún así tenga experiencias de libertad, seguridad y paz mental?". La Madre Teresa de Calcuta podría ser un ejemplo en esta cara de la moneda. Y, para mantenerlo en la realidad, hay gente con mucho dinero que se encuentra libre, segura y en paz, y hay otros sin dinero que no se sienten libres, ni seguros ni en paz. Las dos preguntas importantes son: ¿Qué quiero realmente? ¿Cómo llego allí?

Si es cierto que "Nunca tendrás suficiente de aquello que realmente no quieres" quizá sea beneficioso investigar con más profundidad en eso que verdaderamente quieres.

Si estás buscando las experiencias de seguridad, libertad y paz mental, ¿existe una cantidad de dinero (o casa, o carro, o relación perfecta) que te permita tener esas experiencias?

La implicación obvia aquí es un rotundo ¡NO!

¿Qué es lo que realmente quieres y cómo producirlo? ¿Representan los *Símbolos* que elegiste la vida que realmente quieres o son, por el contrario, las *Experiencias* que se encuentran en la columna de la derecha?

Si te pareces a mí, la respuesta es ¡AMBAS! El punto principal aquí es tener certeza en la razón de por qué queremos algo, no solo el qué queremos. Mientras el énfasis aquí se encuentra en la columna de la derecha sobre las experiencias, la columna de la izquierda puede ser igualmente importante.

Mucha gente cree que la columna de la izquierda tiene una relación causal con la columna de la derecha—una cantidad suficiente de dinero puede originar la experiencia de éxito, felicidad, seguridad, etc. Si eso fuera cierto, no sólo los *ricos* se sentirían de esa manera, sino que todos los ricos lo harían. Y ninguna persona *pobre* lo haría. Sabemos que eso no es verdad.

Hasta las canciones lo dicen: No puedes comprarme el amor (*Can't buy me love*). En mi propia vida, he ido de un lado a otro desde el punto de: *No sería genial una casa más grande* hasta el de *cualquier techo es suficiente*. Aunque puede ser cierto que cualquier techo es suficiente, y que no necesito una casa mucho más grande, me parece que mis preferencias pueden hacer la diferencia en muchos de mis niveles de vida. Sin embargo, he aprendido que no hay ninguna cantidad de "menor y más grande casa o cuenta bancaria o carrera" que me permita vivir las experiencias internas que realmente busco.

Así que dediquémosle un poco más de tiempo a la columna de la derecha. La hipótesis aquí es que tu diálogo interno te mantendrá centrado en perseguir la columna de la izquierda con la esperanza de experimentar algún día lo que se encuentra en la columna de la derecha.

¿Y qué pasaría si la columna de la derecha fuese lo que quiere tu verdadero ser, mientras que tu diálogo interno persiste en decirte que debes diferir lo que realmente quieres y te mantiene persiguiendo todas las cosas de la columna de la izquierda? ¿Y si al obtener los elementos de la columna de la derecha acallas tu diálogo interno puesto que se ha calmado al darse cuenta de la fuente de la verdadera satisfacción?

Si esto tiene algún sentido, trabajemos, entonces, a partir de la idea de que la columna de la derecha es lo que buscas; es hacia donde te guía tu diálogo con el alma; y son esas experiencias lo que puedes hacer realidad a pesar de las circunstancias de la vida.

Te invito a que recuerdes y tengas presente a Mitchell. Puede que no estés quemado o paralizado; y, sin embargo, puede que, simplemente te estés "incapacitando" a ti mismo a través de tu diálogo interno. Si lo que quieres es libertad, paz mental, seguridad, sentido de plenitud, satisfacción y tú ya tienes en tu vida libertad, paz mental, seguridad y sentido de plenitud o satisfacción, ¿realmente importaría la cantidad de dinero que tengas?

Espera un momento, ¿es una pregunta capciosa?

La respuesta es sí y no. He descubierto que mientras más me enfoco en las experiencias positivas que quiero de la vida, no solo creo la tendencia de producirlas, más frecuentemente, sino que también es más fácil producir las cosas de la columna izquierda de la ecuación. Enfocarme en dinero no me ha hecho sentir más seguro o libre, pero enfocarme en la producción de libertad y seguridad me ha facilitado crear éxitos materiales para ir de la mano con esas cualidades internas de éxito.

Nuevamente, ¿te ha sucedido alguna vez que realmente, repito, realmente querías algo, trabajaste duro para obtenerlo, lo obtuviste y luego descubriste que no eras más feliz que antes? Esa es una experiencia común cuando seguimos o prestamos atención a la voz más fuerte de nuestro diálogo interno, el cual podría haber sido influido por las opiniones de otras personas acerca de lo que "debía" ser importante, en lugar de considerar la sabiduría más profunda de nuestro diálogo con el alma. Si esto te parece familiar, mi sugerencia sería que pasases más tiempo enfocándote en la creación de lo que realmente quieres en la columna de la derecha, en tus experiencias provenientes de tus *"de manera que"* más profundos. Podrías encontrar valioso revisar con frecuencia la columna de la derecha, hurgando cada vez un poquito más profundo. Al hacerlo podrías encontrarte con significados más reflexivos de la pregunta sobre *¿Qué es lo que realmente quiero?*

Después de todo, ¿podrías alguna vez tener suficiente de lo que realmente no quieres?

CAPÍTULO 5
PROPÓSITO Y VISIÓN

*El verdadero viaje al descubrimiento consiste en mirar
con nuevos ojos.*

—Marcel Proust

Mucho se ha dicho y escrito acerca del propósito y la visión, tanto que la distinción y el valor de ambas se han desdibujado en la mente de la gente. En este libro, el *propósito* se refiere a *las razones subyacentes* para hacer algo, querer algo o perseguir algo, es decir, a lo más profundo de las experiencias que buscamos; mientras que la *visión* se refiere al sentido o la imagen de cómo sería si se cumpliera el propósito.

También resueno con el nivel adicional de conocimiento o intuición profunda que el diccionario de Merriam-Webster le suministra a su definición de *visión* al agregar lo siguiente: una *aparición sobrenatural que transmite una revelación*.

Si combinamos todo lo anterior, el propósito y la visión se transforman en la inspiración y la guía de nuestro verdadero ser.

El Resultado Deseado

Cuando nos enfocamos en el propósito y la visión estamos ayudando a aclarar aquello que verdaderamente estamos motivados a obtener de la vida, tanto en términos de éxito material como de niveles más profundos de la experiencia. Juntos representan lo que yo he llamado *resultado deseado*. Si todo estuviese saliendo bien, ¿qué tendrías al final? No solo lo que habrías obtenido materialmente, sino: ¿qué experiencia habrías obtenido al final?

Organizar nuestra vida de manera que tenga sentido y sea satisfactoria se parece mucho a la construcción de un rompecabezas. Para la mayoría de nosotros, las piezas del rompecabezas llamado vida, en nuestro caso, se muestran como un rompecabezas recién sacado de la caja: todas las piezas están dispersas de forma bastante aleatoria, y, rara vez, en perfecto orden.

Intentar darle sentido a lo que parecen ser piezas aleatorias puede ser un reto. Organizar el rompecabezas puede ser, especialmente, difícil si no se tiene una imagen del rompecabezas terminado para empezar. Afortunadamente, la mayoría de los rompecabezas viene con una fotografía en la tapa externa de la caja. ¡Si solo fuese así con el rompecabezas de la vida!

El *resultado deseado* es la fotografía en la caja del rompecabezas. Tenemos que crear esa fotografía nosotros mismos.

Si no sabes a dónde vas, cualquier camino te sirve

Hace muchos años, un amigo y mentor me vio luchar por darle sentido a mi vida. Había intentado en varias áreas de vida (trabajo, educación, carrera, significado de la vida, etc.) y solo lograba sentirme frustrado con los resultados. Un día, Ernie me recordó que el dicho de "si no sabes a dónde vas, cualquier camino te sirve" es más que eso: es un requisito previo para una vida satisfactoria y plena.

Para mí, este simple aforismo ha llegado a ser central para realizar elecciones efectivas en mi vida. Si no sé a dónde voy, y llego a una bifurcación en mi camino, ¿cómo se cuál de las dos opciones debo tomar?

La referencia que ya hice de Alicia en el País de las Maravillas resalta el desafío que muchos enfrentan cuando el camino se bifurca en su vida. ¿Alguna vez te has sentido como Alicia perdida en un laberinto de opciones, buscando tu versión del gato de Cheschire para que te diga hacia qué lado dirigirte? El consejo de Ernie refleja la sabiduría sencilla y profunda del gato de Cheschire: si Alicia no hubiese sabido a dónde iba, *cualquiera de los caminos hubiese sido una buena elección.* Así como Alicia protestó de que ella debía llegar a un sitio, la respuesta sarcástica pero cierta del gato de Cheschire, de igual manera, encaja: "¡por supuesto, que llegarás!" Todos los caminos llevan a alguna parte.

En mi propia vida, así como en el acto de ayudar a otras personas a descubrir y evaluar sus propias opciones, ha quedado claro que muchos de nosotros llegamos a esas bifurcaciones en el camino sin una idea clara del resultado que deseamos. Cuando eso ocurre, la respuesta de nuestro diálogo interno, con demasiada frecuencia, puede ser algo parecido a: "Ah, bueno, no importa, elige un camino y ya". Y, un poco más tarde, llegamos a otra bifurcación: ¿Cuál debemos tomar? De nuevo, quién sabe, o no importa, o dime cuál debo tomar, o cualquiera de las otras docenas de respuestas poco claras que pueda dar nuestro diálogo interno.

Tarde o temprano, esta serie de elecciones sobre cuál camino tomar en la bifurcación nos lleva a alguna parte. ¿Me gusta donde estoy, o me quejo de las circunstancias, o incluso, culpo a alguien más de los resultados que he obtenido?

"¿Por qué yo?" "¿Cómo sucedió esto?" "¿De dónde viene esto?". Estas son las tristes preguntas que el diálogo interno puede hacer cuando no me doy cuenta de que he sido yo quien ha escogido los caminos en cada bifurcación que he encontrado.

Mi diálogo interno es muy bueno para asignarle las culpas a alguien más por mis elecciones. Si no me gusta a dónde me llevó el camino que elegí, ¿a qué o a quién culpa mi diálogo interno? ¡Al camino, por supuesto! O a la señal del camino o al gato de Cheschire.

Entonces, regresémonos un poco. Imagínate que sabes a dónde vas. Tienes un sitio de llegada en tu mente. Estás llevando el camino elegido por ti en tu vida cuando llegas a una bifurcación. ¿Cuál camino deberías tomar? ¿Tendría alguna importancia cuál tomes? La única vez que no importa la elección es cuando a ti no te importa a dónde vas. En este ejemplo, a ti te importa y tú tienes un destino final o un resultado en tu mente.

Ahora, en el momento en que te encuentres frente a la bifurcación, pregúntate: "Si estoy intentando llegar a mi destino deseado, ¿cuál de los dos caminos parece que me llevará allí? ¿Qué me aconsejaría el diálogo con mi alma?". Con esa pequeña orientación, puedes hacer, en este momento, una elección algo más informada sin que el molesto diálogo interno te frene o te envíe por otro camino a ninguna parte.

¿Eso significa que hemos hecho la elección correcta? ¡De ninguna manera! ¡No! Sin embargo, al haber elegido con el resultado deseado en mente, podemos observar con más claridad qué sucederá luego. Si aparecen en la vía algunos datos o algo sucede que nos indique que hemos realizado la elección incorrecta, ¿qué podemos hacer?

Una elección podría ser, regresarnos a la bifurcación anterior que encontramos en el camino y elegir la otra vía. Una segunda opción podría ser, determinar dónde estamos ahora y hacer nuevas elecciones, otras elecciones inmediatas que nos ayuden a retomar el camino anterior.

Cualquiera de estas opciones es posible y potencialmente efectiva. El elemento clave es saber en qué dirección vas, dónde te encuentras en este momento y cuál es el resultado deseado. Probablemente, no hace falta decirlo, pero, por si acaso, la consulta con tu diálogo del alma, tu verdadero ser, puede hacer una gran diferencia.

Incluso cuando las cosas van bien, podrías plantearte la siguiente pregunta: *Con lo bien que está mi vida ahora, ¿podría ser aún mejor? Me encanta la noción de: ¡estoy bien y sigo mejorando!*

EJERCICIO DE MEDITACIÓN

¡Bien y Mejorando!

Esta meditación es una variación de la práctica que ya vimos en el Capítulo 1. Esta meditación enfocada en la consciencia puede adaptarse a muchos de los temas que surgen en la vida. Por favor, siéntete libre de modificar lo que sigue para que funcione mejor para ti y para que responda a cualquier pregunta o preguntas que puedas tener en mente.

Comienza enfocándote en la respiración o realiza la práctica de relajación que funcione para ti. A muchos les funciona imaginar que se encuentran en un lugar tranquilo en la naturaleza, sin las preocupaciones del día a día. Otros prefieren enfocarse en el corazón. No hay formas erradas o incorrectas de hacerlo, así que, simplemente encuentra tu lugar para relajarte, tu espacio seguro y fluye a tu propio ritmo.

Invita a tu verdadero ser a presentarse ante ti. Siéntete libre de sustituir ese verdadero ser por cualquiera de las siguientes opciones: tu maestro interior, tu alma o cualquier interpretación de consciencia interna más profunda que funcione para ti.

- Permanecer en este estado de quietud, invita, conscientemente a la presencia de ese aspecto interior tranquilo, a tu verdadero ser; le llama a salir como si estuviera sentado o parado frente de ti. Al inicio, puede que no percibas mucha diferencia, al menos no en tu cuerpo, tu mente o tus emociones. Quizá, te sientas en paz. Algunos notarán o sentirán una presencia y, otros, incluso "verán" una forma definida, probablemente, hasta tu propia imagen.

- A medida que empieces a percibir esta presencia interior, pídele traiga a tu mente aquellos momentos de tu vida cuando te sentías agradecido, satisfecho o en paz. Permite que emerjan esas imágenes, pensamientos o sentimientos, que pueden ser de un pasado distante o muy cercano.

- Pídele a esta presencia interna su ayuda para identificar un área de tu vida que a ti te gustaría experimentar *como buena y encaminada a mejorar.*

- Siéntete libre de hacer esto como una conversación con un amigo de confianza, como un intercambio informal. Tu diálogo con el alma puede tener preguntas para ti, ideas que debes considerar o sugerencias para nuevas opciones.

Si escuchas algo que no entiendes bien, pregunta para aclararlo.
- Asegúrate de repetir lo que escuchas; imagina cómo puedes llevarlo a cabo. Luego, pregunta si escuchaste correctamente.

- Una vez que tú y tu verdadero ser se sientan satisfechos, agradécele a tu verdadero ser por su apoyo y guía, y regresa al proceso de respiración.

- Cuando estés listo, lentamente, abre tus ojos y enfócate de nuevo en el entorno donde te encuentras.

- Escribe lo que escuchaste.

CAPÍTULO 6

UNA VIDA LLENA DE INSPIRACIÓN:
¿HACIA DÓNDE VAS Y POR QUÉ?

Sino cambias tu dirección, quizá llegues al sitio donde te diriges.

—Lao Tzu

¿Es esto todo lo que hay?

A lo largo de los años, he trabajado con miles de personas que aunque son, básicamente, exitosas, parecen carecer de una genuina alegría, inspiración o entusiasmo en sus vidas. Sin importar sus éxitos materiales y el entusiasmo que proviene de haber alcanzado sus metas, algunas veces, su experiencia interna puede estar en algún lugar que puede ir desde lo aburrido y lo fastidioso hasta la depresión. Tarde o temprano, esta clase de experiencia puede sumarse a ese lamento nostálgico y familiar de "¿Es esto todo lo que hay?"

Claro que todo puede estar bien en tu vida y aún tener espacio para mejorar. En oposición o contraste con el pensamiento occidental, no tenemos que enfermarnos para mejorar. Mi premisa básica es que cada uno de nosotros está bien en relación con el lugar dónde estamos en este momento, y que cada uno de nosotros podría estar haciéndolo aún mejor. Quizá lo único que nos falta es una dosis de inspiración y entusiasmo o de significado más profundo.

Según la página electrónica *freedictionary.com*, una vida inspirada es aquella que tiene "una brillantez o excelencia tan grande que sugiere una inspiración divina.", y la página continúa explicando que la palabra *inspirar* significa "comunicación o sugerencia proveniente de una influencia divina o sobrenatural: afectar, guiar o causar por medio de la influencia divina".

Algunas veces la vida puede sentirse no inspirada o, por lo menos, poco inspirada. La página de Princeton University's Word Net 3.1 define la palabra *uninspired* (sin inspiración o no inspirado) como "carente de excitación intelectual, emocional o espiritual; aburrido"; por otro lado, la misma página define la palabra *uninspiring (que no inspira, poco estimulante o poco inspirador)* como "deprimente para el espíritu". Esta palabra también podría aplicarse a una vida carente de entusiasmo.

Inspiración, Aspiración y Entusiasmo

Estas tres palabras *inspiración, aspiración* y *entusiasmo* son términos importantes para comprender los mensajes profundos de nuestro verdadero ser y el trabajo que sigue, así que permíteme adentrarme en su significado más profundo.

La etimología de las palabras *inspiración* y *aspiración* revela que ambas comparten un linaje común; las dos tienen su raíz en la palabra *inspirare* del siglo XIII que significa *animación o principio vital;* son palabras provenientes del francés y latín antiguo que significaban *alma, valor e inhalación.*

Según la página electrónica *wordreference.com*, la palabra *inspire* (inspirar) significa:

- llenar con una influencia animada, rápida o exaltada

- comunicar o sugerir por una influencia divina o sobrenatural

- guiar o controlar por una influencia divina

El diccionario electrónico *Merriam-Webster.com* suministra un contexto adicional para el significado original de *inspire* (inspirar):

Cuando la palabra inspire se utilizó por primera vez durante el siglo XIV, el término tenía un significado que está todavía presente en el idioma inglés de hoy día: "influir, mover, o guiar por una influencia o acción divina o sobrenatural.

El significado es una extensión metafórica de la raíz latina: *inspirare* que significa "respirar o soplar dentro de". La metáfora es muy poderosa, pues confirma que se encuentra en funcionamiento el aliento de una fuerza divina o sobrenatural.

La Inspiradora Historia de la Inspiración

La palabra "*inspiración*" tiene una historia poco usual, pues su significado figurativo parece preceder a su sentido literal. Se deriva del latín "*inspiratus*" (el participio pasado de "*inspirare*", ("respirar, inspirar"), y, en inglés, ha tenido el significado de "*llevar aire a los pulmones*" desde la mitad del siglo XVI. Este sentido de "*respirar*" es común entre doctores, como también lo es la palabra "*expiración*" (el acto o proceso de liberar aire desde los pulmones). Sin embargo, antes de que el término "*inspiración*" se utilizara para referirse a la respiración, tuvo un significado teológico en inglés, referente a la influencia divina sobre una persona, sobre recibir la influencia de una entidad divina. Este sentido de la palabra data de inicios del siglo XIV. El sentido de "*inspiración*", muy común hoy día (algo o alguien que inspira), es considerablemente más nuevo que cualquiera de los dos sentidos anteriores, y data del siglo XIX.

Muchos diccionarios nos informan que los términos *aspirar* y *aspiración* comparten la misma raíz latina, "*inspirare*". El diccionario Merriam-Webster expande el tema y sugiere que "*aspiración*" significa "un fuerte deseo de alcanzar algo grande o importante".

Aunque el sentido común ha reducido el término "*aspiración*" a un objetivo o ambición ordinarios, prefiero pensar que "*Aspiración*" debe escribirse con mayúscula, lo que significaría una meta con un poco más de "*Inspiración*", también con mayúscula, que un objetivo un poco más del mundano día a día.

Siguiendo los orígenes anteriores de la palabra, una *"Vida Inspirada"* sería aquella en la que el sentido o la motivación provienen de la influencia divina o del Espíritu. Una *"vida con aspiración"* significaría buscar una vida guiada por el espíritu, una vida centrada en el alma, una vida con un propósito y un significado mayor.

Vivir una vida de inspiración y aspiración puede caracterizarse por la presencia de entusiasmo y una sensación generalizada de bienestar. No estamos hablando de ese tipo de energía efervescente que parece positiva y termina siendo superficial o dogmática. El entusiasmo genuino y auténtico emana de quien realmente eres, de tu fuente espiritual.

Una vez más, la etimología de la palabra es útil. El Diccionario Digital de la Real Academia Española (RAE) señala que entusiasmo proviene *del latín moderno enthusiasmus y este, a su vez, del griego enthousiasmós, que significa, propiamente, inspiración o posesión divina.* Por lo tanto, si alguien es verdaderamente *entusiasta*, estará imbuido o infundido con una conexión con el Espíritu o con lo Divino. La palabra *entusiasmo* también comparte una raíz etimológica similar con *inspiración* y *aspiración*.

El diccionario Merriam-Webster suministra más información en el aparte histórico de la palabra: "La palabra *entusiasmo* entró a la lengua inglesa a comienzos del siglo XVII. Fue un préstamo del griego *enthousiasmós* que significaba "inspiración o posesión por un dios".

¿Tú Aspiras a una Vida de Inspiración y Entusiasmo?

La diferencia entre una existencia más o menos monótona y una de mayor realización, abundancia, significado e inspiración puede parecer monumental de alguna manera, tal vez, fuera de tu alcance, pero las claves son sencillas y claras, y se encuentran al alcance de todos.

Para experimentar las sensaciones más profundas de significado y realización que tu verdadero ser puede estar buscando, algunas preguntas, como las que menciono a continuación, pueden surgir:

- ¿Cómo reconcilias tus objetivos de vida con los objetivos a los que aspiras?

- ¿Cómo trabajas con los objetivos ordinarios o comunes de carrera, riqueza, etc., mientras mantienes el foco en la guía interna de tu alma?

- ¿Cómo alcanzas tus metas sin sacrificar esa sensación de significado más profundo?

- ¿Cómo integras la guía de inspiración divina con la realidad diaria?

Pregúntate:
- ¿Cuán realizado te encuentras hoy día?

- ¿Puedes imaginarte viviendo una vida de mayor realización, o es suficiente lo que tienes para continuar viviendo?

- ¿Te inspira la vida que tienes?, ¿lo qué haces?, ¿quién eres?

- ¿Desearías estar más inspirado?

A medida que contestas estas preguntas motivadoras, observa quién responde. ¿Es tu diálogo interno o es tu diálogo con tu alma?

Si esta idea de observar quién responde te parece un poco extraña, podrías utilizar, entonces, las siguientes preguntas:

- ¿Alguna vez has tenido un pensamiento que deseaste no haber pensado? Si la respuesta es sí, ¿quién lo notó?

- ¿Alguna vez has tenido un sentimiento que deseaste no haber sentido? Si la respuesta es sí, ¿quién lo notó?

¡La respuesta es *"tú"*, por supuesto! Entonces, ¿cómo pudiste *"tú"* tener un pensamiento o un sentimiento que *"tú"* deseaste no haber tenido o sentido? ¿Quién es ese "tú" que lo observó? ¿Qué pasaría si ese fuese el tú más profundo, ese que está más allá de las críticas, las dudas, las faltas? ¿Qué pasaría si fuese tu verdadero ser, tu diálogo con el alma, el que está pacientemente a la espera de que lo notes y lo conozcas?

¿Son los Sueños Señales de Aspiración?

Como señalamos en el Capítulo 4 de este libro, los sueños por sí mismos no van a llevarnos a donde, verdaderamente, queremos ir; sin embargo, si no nos permitimos soñar, ¡no hay lugar adonde ir! Si escuchas, cuidadosamente, tus sueños, y hasta tus ensueños (tus sueños despierto), puedes detectar ese diálogo con tu alma llenándote de inspiración para obtener algo de mayor propósito y significado en tu vida. Si esto sucede, también puede estar impulsándote *a dejar de soñar y comenzar a actuar de acuerdo con ellos.*

A menudo, nuestro diálogo interno no nos permite soñar, mucho menos seguir aquellos sueños que logramos tener. El diálogo interno puede escucharse muy familiar al decirnos que "seamos realistas", y advertirnos de que esos sueños son sólo fantasías que se pueden estrellar contra la realidad cuando aparezcan las barreras u obstáculos inevitables. Si has tenido esta experiencia, podrás haber detectado tu diálogo interno recordándote que no tenías ni la fuerza, ni la fortaleza, ni los recursos, ni las habilidades necesarias para hacer realidad tus sueños.

¿Has compartido, alguna vez, tus sueños con alguien solo para escucharle decir «*despierta*", sugiriendo así que eres poco realista, que vives en un mundo de fantasía y necesitas aterrizar?

¡Gran consejo! Despertar es algo bueno, pero no significa abandonar tus sueños. Significa despertar del sueño y trasladar ese pedacito de inspiración que tú y solo tú tienes la fuerza para hacerlo realidad. Quizá ese sueño es tu verdadero ser empujándote a despertar a eso que realmente importa en tu vida, despertándote de los pequeños sueños del mundo material para que te muevas hacia los sueños más expansivos de llevar una vida centrada en el alma.

Este podría ser otro buen momento para invitar al diálogo con el alma a revisar tu Rueda de la Vida y la lista de tus símbolos en oposición con tus experiencias para una mejor guía.

¿Hacia dónde te lleva la inspiración de tu verdadero ser, de tu diálogo con el alma? ¿Existen metas de mayores niveles, objetivos que provienen de tu aspiración, que pueden ayudarte a mover tu Rueda de manera tanto cuantitativa como cualitativa?

Una meta que provenga de la aspiración puede ser algo que quieras, aunque su logro sea de pequeña o poca importancia. ¿Por qué? Porque un elemento clave para una meta que provenga de la aspiración significa vivir por y a través de la inspiración que proviene de alinearse con tu verdadero ser, tu alma.

Quizá hayas escuchado el viejo adagio de "la vida es un viaje, no un destino". Verdaderamente, el foco se encuentra en la calidad de la experiencia que obtienes a medida que transitas por la vida más que cualquier registro material o físico que hayas obtenido. Sin embargo, puedes tener una medida de calidad, gratificación o experiencia de vida enriquecedora amalgamada con la habilidad de crear más de lo que buscas en el mundo físico.

Si aspiras a esa clase de viaje, sería útil examinar lo qué tu diálogo interno tiene que decir y cómo insertar a tu verdadero ser, tu diálogo con el alma, en la conversación.

EJERCICIO

Construyendo un Diálogo Interno Positivo

Como primer paso, describe un objetivo para uno de los aspectos de tu Rueda que pueda necesitar revisión. Puede ser cualquier cosa desde un cambio de carrera hasta comenzar un sistema de ahorro o el mejoramiento de tu salud.

Una vez que hayas determinado tu objetivo, construye una tabla a dos columnas para escribir los diferentes mensajes que te darían tu diálogo interno y tu diálogo con el alma sobre tus sueños o aspiraciones. Mantén esta tabla a mano porque puede ser de utilidad cuando lleguemos a la sección de las afirmaciones y visualizaciones que puedes practicar para crear más de lo que realmente prefieres en la vida.

DIÁLOGO INTERNO	DIÁLOGO CON EL ALMAEL
Jamás vas a terminar este trabajo.	Soy creativo y puedo encontrar una manera de hacerlo.
¿Para qué te preocupas? La gente como nosotros nunca triunfa.	Siempre puedo encontrar como mejorar.
¡Idiota!	Soy una buena persona que comete errores.
Lo que me espera es, simplemente, muy difícil.	Solo tengo que dar un paso a la vez.
¿Estás bromeando? ¡No tienes la menor idea de cómo hacer esto!	¡Claro! Solo tengo que aprender un poquito más.

CAPÍTULO 7

LA INTENCIÓN Y EL ENFOQUE: LA ENERGÍA SIGUE AL PENSAMIENTO

El universo no te da lo que pides con tus pensamientos: te da lo que exiges con tus acciones.

—Steve Maraboli

Ahora que los ejercicios sobre Símbolos frente a las Experiencias de tu Rueda te han dado una mejor idea de lo que quieres de la vida y el por qué eso te importa, veamos cuán profundo quieres ir sobre el proceso de crear lo que quieres. Como verás, esto también aplica sobre cómo puedes terminar creando lo que no quieres.

Estoy seguro de que has escuchado esta definición de locura: la locura es hacer algo de la misma manera una y otra vez a la espera de obtener un resultado diferente. Marshall Goldsmith, de manera muy elocuente, nos presenta una lección de vida completa en el título de su bestseller, *Lo que hiciste para llegar hasta aquí, no te llevará hasta allí (What Got You Here Won't Get You There)*. ¡Si lo que hemos hecho hasta ahora fuese a darnos un resultado diferente, ya habría ocurrido!

Dicho de manera sencilla y en pocas palabras, se trata de enfocarnos. Tendemos a ir al sitio en el cual nos concentramos.

Estoy seguro de que sabes que esto es cierto en muchos sentidos. Puede ser tan simple como la antigua sabiduría campesina que, probablemente, has escuchado mil veces, pero que, tal vez, no te has dado cuenta de lo que realmente significa. En inglés el dicho es

"Follow your nose" que equivaldría a "Sigue tu olfato", y la explicación es que si conduces un automóvil o manejas una bicicleta, sabrás que donde miras es donde tiendes a ir, pues tu olfato señala el camino, por así decirlo. Tendemos a crear aquello en lo que nos enfocamos y, luego, nos enfocamos en lo que creamos. Tu diálogo interno puede mostrarte el uso negativo de esto: "Cosas como estas nunca funcionan para mí". O "Esto es demasiado bueno para ser verdad". O cualquier otra docena de predicciones similares que te dirán que las cosas irán mal. Tan pronto nuestro diálogo interno nos recuerde todas las veces en que las cosas no han salido bien en el pasado, nuestro foco se dirige hacia ese lugar, aquí y ahora. Es curioso observar que lo que miramos hoy tiende a crear nuestro futuro. Viajamos o recorremos el camino de nuestro enfoque.

La Neurociencia del Enfoque

Cuando te enfocas en tus prioridades, en lo que has determinado que es verdaderamente de tu interés, cualquier otra cosa puede desaparecer, incluidas las posesiones y las obsesiones. Tu enfoque es como tu intención: ¿Hacia dónde vas? Eso lo decides tú porque es tu vida.

—JOHN-ROGER, DSS

El enfoque compromete una parte de tu cerebro llamada formación reticular y Sistema Reticular Activador Ascendente (SRAA). Para nuestros propósitos permítanme suministrar una explicación más bien rudimentaria y un ejemplo o dos de cómo el sistema trabaja en nuestro día a día.

Una manera de ver el SRAA es considerarlo como un filtro. Cuando nos enfocamos en algo, el SRAA tiende a revisar la información que apoya nuestra área de enfoque mientras bloquea o elimina, de manera simultánea, todo aquello que no está relacionado.

Ensayemos con esta idea ahora mismo. ¿Cuál es el color predominante en el cuarto donde estás en este momento? ¿Tuviste que mirar alrededor primero? No es ninguna sorpresa que lo hayas hecho, pues esa información no es importante, en este momento, ni para la lectura, ni para la mayoría de las cosas que hacemos. A menos, por supuesto, que seas un diseñador, un pintor o estés realizando una actividad donde el color sea importante. Digamos, entonces, que el color predominante del cuarto es blanco hueso; por favor, sustituye el color por el dominante a tu alrededor.

Ahora mira alrededor de ti e intenta encontrar algo rojo; cualquier tonalidad o cantidad de rojo servirá. Siéntete libre de elegir otro color. Mientras buscas el nuevo color rojo, ¿qué pasó con el blanco hueso? Obviamente, no fue a ninguna parte, pero ¿pudiste notar que mientras buscabas el rojo, tu cerebro bloqueó el blanco hueso?

Este es un ejemplo muy simple de cómo funciona el SRAA. Hay muchas otras maneras en las que trabaja. Imaginemos que estás a punto de entrar a una reunión donde también estará una persona que no te cae bien. Tu diálogo interno te recuerda de las muchas veces que las cosas no han funcionado bien con esta persona; de hecho, te puede decir algo como: "Ese tipo es un idiota." De esta manera, has programado tu SRAA para que encuentre pruebas de ese hecho. Durante la reunión, comienzas a detectar los detalles que te lo confirman. Observas comportamientos que rechazas y, de nuevo, le asignas el término "idiota". ¿Alguna vez te ha sucedido que alguien a quien admiraste haya dicho, después de una reunión, que la persona a quien llamaste *idiota* es fabulosa, brillante y, por supuesto, nada que ver con el calificativo de *idiota*?

Veamos la experiencia de vida de Mitchell mientras se recupera de sus quemaduras y su parálisis. Él pudo elegir victimizarse y colocarse más allá de la esperanza, y resignarse a una vida sin oportunidades y éxitos. Pocos le habríamos acusado si hubiese elegido algo parecido. Si se hubiese enfocado en sus inutilidades y limitaciones, ¡imagínate como sería su realidad!

En su lugar, y en sus propias palabras: *Antes de estar paralizado había diez mil cosas que yo podía hacer. Ahora tengo nueve mil. Puedo quejarme de las mil que perdí o enfocarme en las nueve mil que aún tengo.*

Al elegir enfocarse en las nueve mil, y en cómo podría optimizar su situación, Mitchell se ha convertido en el conferencista motivacional más importante y sobresaliente del mundo, y disfruta una vida de salud, riqueza y felicidad. Es, simplemente, un parapléjico saludable, rico y feliz con importantes cicatrices de quemaduras.

Por qué el Pensamiento Positivo Simplemente No Funciona

Cuando era editor en el Huffington Post, publiqué cientos de artículos sobre diversos aspectos de la vida consciente, basados en el tema de "Cómo crear la vida que quieres en lugar de crear la vida con la que podrías haberte conformado". Los troles -los atacantes de Internet- se concentraron en mí, criticándome por publicar un puñado de "tonterías sobre el pensamiento positivo", tachándome de fraudulento y lanzando toda una serie de ataques despectivos contra mí.

Escribí varios artículos sobre las críticas recibidas, los cuales, simplemente, avivaron los ataques. Entonces, una mañana, mientras preparaba uno de mis artículos, pensé en un nuevo enfoque al tema con el título de "Por qué el pensamiento positivo, simplemente, no funciona".

Ese artículo se hizo viral; miles de personas lo leyeron y lo compartieron con otros.

El mensaje básico fue: *Por supuesto, el pensamiento positivo no funciona, pero la Acción Positiva sí. Ahora bien, ¿cómo realizar una acción positiva sin tener primero un enfoque positivo?*

Las personas que no comprendieron el punto desecharon el pensamiento positivo creyendo que se relaciona con vivir un mundo de fantasía, que el pensamiento positivo se parece a creer que algo negativo es de alguna manera bueno o positivo. Seguramente Mitchell no creía que "¡Ahora todo esto es genial! Me quemé la cara, perdí mis dedos y estoy paralítico. ¡Estupendo! Nada podría ser mejor".

Lejos de eso. Mitchell debió moverse a la aceptación y al reconocimiento de la verdad de la situación. La verdad era simplemente una serie de hechos como: quemadas, dedos perdidos y parálisis. Sin embargo, la verdad no incluye las interpretaciones negativas o las limitaciones autodestructivas. A pesar de sus aparentes limitaciones, él eligió no estar limitado por ellas.

Tenía una elección. Podía enfocarse en las limitaciones y terminar "paralizándose" a si mismo más allá de la parálisis. O podría enfocarse en lo que podía hacer a pesar las limitaciones, o incluso, debido a ellas.

Si hubiese elegido enfocarse en lo que había perdido, Dios sabrá a donde podría haber terminado. Sin embargo, al enfocarse en lo que podía hacer, creó una vida abundante y gratificante, más allá de la vida que otras personas completamente sanas se hubiesen atrevido a imaginar para ellas.

¿Dónde se enfoca tu verdadero ser? ¿Qué tiene que decir el diálogo interno acerca de esto?

Solo Hay Una Energía

Todo es energía y eso es todo lo que hay. Ajústate a la frecuencia de la realidad que quieres y no podrás evitar obtener esa realidad. No puede ser de otra manera. Esto no es filosofía; es física.

—ALBERT EINSTEIN

Si coincides con el despertar, la conciencia y la aceptación, vamos a examinar lo que pueden ser dos de los puntos más importantes de este libro: *Sólo hay una energía, y la energía sigue al pensamiento.*

Como te diría cualquiera que haya estudiado física, el universo está hecho de energía. Ya sea que estemos mirando una roca, una persona o cualquier otra cosa, todo es sólo energía en diferentes formas. Probablemente, ya sabes que no puedes ni crear energía, ni puedes destruirla. Albert Einstein lo dijo de esta manera: "La energía no puede ser creada ni destruida; solo puede cambiarse de una forma a otra".

Lo que puedes hacer es cambiar su forma y dirigir su curso. La electricidad que se obtiene de los rayos del sol se guarda en paneles solares; las turbinas movidas por el viento, el agua o el vapor, o cualquier otra fuente, son ejemplos de tomar una forma de energía y transformarla en otra diferente.

En esencia, solo hay una energía y es neutral en relación con cómo eliges aplicarla. Muy parecido a un martillo que puede utilizarse para clavar un clavo o golpearte tu pulgar; la energía está allí para que la uses. Puedes utilizar la energía disponible para crear, destruir, negar o hacer cualquier cosa que quieras.

Quédate conmigo en este punto. Sé que puede resultar un pensamiento circular, pero tengo confianza de que encontrarás su enorme valor si me sigues.

La Información es Universal y está Universalmente Disponible.

¿Estás escuchando a la BBC en este momento? o ¿a la ABC? o ¿a cualquier emisora de radio? Quizá no. Pero si no estás escuchando a la BBC mientras lees este libro, ¿eso significa que la BBC NO está en el cuarto o dónde sea que tú estés?

Las señales de radio están allí toda la noche, solo que no las escuchas. ¿Por qué no? Porque, obviamente, no eres una radio. Sin embargo, si enciendes una radio, puedes sintonizar la frecuencia de la BBC, y escuchar cualquier cosa que estén transmitiendo en el momento. Lo mismo se aplica para cualquier frecuencia de radio o televisión. Solo tienes que tener una radio o sintonizador para captar la estación y escuchar o ver lo que están trasmitiendo.

Las señales de radio o televisión son formas diferentes de esa energía universal única. Los pioneros de los "inalámbricos" descubrieron cómo manipular esa energía a través de una *forma* o frecuencia invisible y trasmitirla para que los que la "sintonizaran" pudiesen escuchar la trasmisión. La televisión funciona de la misma manera. Esa "energía única" se estructura de manera tal que la información visual y auditiva pueda transmitirse en "ondas aéreas". (El Capítulo 8: "Aprendiendo a Ver lo Invisible" te explicará de manera más profunda sobre esta noción.)

¿Qué tal si tú fueses el sintonizador y el transmisor?

Somos almas revestidas de trajes bioquímicos sagrados, y nuestros cuerpos son instrumentos a través de los cuales nuestras almas tocan su música.

—ALBERT EINSTEIN

De manera similar, tu diálogo con el alma es una frecuencia y un sintonizador. Tu diálogo con el alma está sintonizado con una frecuencia superior que emana de una fuente más profunda que cualquier emisora o transmisora de radio.

Afortunadamente, no necesitas una radio o un aparato externo para sintonizar la frecuencia que emana de tu alma y pasa a través de ella. ¡Resulta que eres *el sintonizador!* Necesitarás practicar antes de poder sintonizar esa frecuencia interna para escuchar los mensajes que provienen de tu fuente más profunda. Sin embargo, si practicas, no solo podrás sintonizarla sino que podrás mejorar más a medida que lo haces. Quizá hasta el punto que puedas escuchar tu diálogo con el alma en medio del más escandaloso e insistente diálogo interno.

Muchos tipos de meditación pueden ayudarnos a acceder a los mensajes más profundos a través del diálogo con el alma. Puedes intentar variadas formas, desde la atención plena (mindfulness) hasta la técnica más sencilla de sentarte en silencio y quietud preguntándole a tu alma que mensajes podría tener para ti. Como referencia aquí te dejo una meditación sencilla que ya se introdujo en el Capítulo 1.

Práctica de Meditación para el Diálogo con el Alma

Vamos a comenzar con la técnica de respiración de caja. A partir de este punto, te sugiero que te enfoques hacia tu interior y que invites a tu verdadero ser a presentarse. Luego, le haremos algunas preguntas para participar en un diálogo con tu verdadero ser o comiences el diálogo con tu alma. Cuando hayas completado tu diálogo con el alma y estés satisfecho, puedes repetir la técnica de la respiración de caja y, de esta manera, regresar a tu estado más consciente y de alerta. Antes de comenzar, siéntate con tu espalda apoyada a una silla cómoda y permite que tus pies toquen el piso.

Respiración de caja torácica

1. Cierra los ojos y respira a través de la nariz, mientras cuentas, lentamente, hasta cuatro. Nota el aire que entra a tus pulmones.

2. Ahora, suavemente, mantén el aire dentro de tus pulmones, mientras cuentas, lentamente, hasta cuatro. Trata de no apretar tu boca o cerrar tu nariz. Simplemente, evita inhalar o exhalar por otro conteo de cuatro.

3. Luego, lenta y suavemente, exhala, mientras cuentas de nuevo hasta cuatro.

4. Al final del conteo de cuatro, haz una pausa, contando nuevamente hasta cuatro.

5. Repite los pasos del uno al cuatro al menos por tres veces. Idealmente, repítelos por cuatro minutos o hasta que te sientas bien relajado o en calma.

Invita a la presencia de tu verdadero ser (siéntete libre de sustituirlo por tu maestro interior, tu guía o, si lo prefieres, tu alma).

• Algunas personas encuentran ayuda al imaginar que están en un lugar tranquilo en la naturaleza, sin la perturbación del día a día. Otros prefieren enfocarse en su corazón. No hay manera incorrecta de realizar esta práctica, solo detecta tu propia manera de llevarla a cabo, encontrar tu lugar seguro y seguir tu propio ritmo.

- Permanece en este estado de quietud y, conscientemente, invita a la presencia de esa parte interior y tranquila de ti, a tu verdadero ser, llamándole a salir como si estuviera sentado o parado frente de ti. Al inicio, puede que no percibas mucha diferencia, al menos no en tu cuerpo, tu mente o tus emociones. Quizá, te sientas en paz. Algunos notarán una presencia y, otros, incluso "verán" una forma definida, probablemente, hasta tu propia imagen.

- A medida que empieces a percibir esta presencia interior, dile lo que has estado pensando o considerando, literalmente "hablándole", como si estuviera físicamente en la habitación contigo en este momento. Tal vez quieras empezar con un área de tu vida que necesite atención o alguna elección que estés considerando. Hazle saber a tu verdadero ser lo que has estado pensando, tal vez algún aspecto crítico y limitante de tu diálogo interno. Pregúntale a tu verdadero ser, o a tu alma, lo que preferiría observar o en lo que quisiera enfocarse. O, tal vez, quieras pedirle a tu verdadero ser alguna recomendación sobre una elección diferente que podrías considerar ejecutar en tu vida a partir del momento donde te encuentras hoy.

- Siéntete libre de hacer esto como una conversación con un amigo de confianza, como un intercambio informal. En tu diálogo con el alma pueden surgir preguntas para ti, ideas que debes considerar o sugerencias para nuevas opciones. A veces, tu verdadero ser puede dirigirse a ti de manera directa al darte sus consejos o decirte sus preferencias, pero, raramente, su tono será duro, por el contrario, será amoroso, beneficioso y nutritivo.

- Si escuchas algo que no entiendes bien, pregúntale para aclararlo.

- Asegúrate de repetir lo que escuchas, y cómo imaginas que puedes llevarlo a cabo. Luego, pregúntale si escuchaste correctamente.

- Una vez que tú y tu verdadero ser se sientan completos o satisfechos, agradécele a tu verdadero ser por su apoyo y guía, y regresa al proceso de respiración.

- Cuando estés listo, lentamente, abre tus ojos y enfócate de nuevo en el entorno donde te encuentras.

- Escribe lo que escuchaste. ¿Qué aprendiste? ¿Qué conocimiento interno obtuviste?

Conectarte Con La Frecuencia De Otra Persona

¿Has estado alrededor de alguien que sienta un gran júbilo?, ¿una pena muy profunda?, ¿alguien enamorado?, ¿alguien depresivo? Quizá ya "sabías" de su experiencia sin tener ellos que decir una sola palabra.

Los padres saben cómo esto funciona con sus niños cuando son infantes. El bebé puede estar simplemente bien cuando alguien entra al salón y, de repente, el bebé pasa a sentirse fastidiado y comienza a llorar o tiene cualquier otra reacción de incomodidad. Luego, tan pronto como esa persona sale del salón, el bebé se calma de nuevo.

Lo inverso también sucede. El bebé puede estar agitado o sintiéndose fastidiado cuando alguien entra al salón y, de repente, el bebé se calma de nuevo.

¿Qué sucede aquí? Si tú eres padre sabes que esta clase de cosas suceden, y sabes que la persona que entró al cuarto no tiene que hacer o decir algo para cambiar la experiencia del bebé.

Te invito a considerar jugar a "¿Qué pasaría si?", no importa lo que tu diálogo interno pueda decirte en este momento. ¿Qué pasaría si el bebé tiene un *recibidor* o *sintonizador* que reconoce la *frecuencia* que la otra persona está emitiendo? ¿Qué pasaría si el niño en calma recibe la frecuencia de incomodidad de la otra persona y responde con su propia versión de incomodidad? ¿Qué pasaría si el bebé enojado se conecta con la frecuencia de calma de la otra persona y regresa a su propio estado de calma o de bienestar?

Los psicólogos cognitivos Ramsey M. Raafat, Nick Chater y Chris Frith han escrito, extensivamente, sobre el fenómeno llamado Psicología del Rebaño. Su investigación fue publicada por los Institutos Nacionales de Salud, y sugiere que los humanos pueden transmitir *frecuencias* asociadas con estados mentales o emocionales que pueden ser *recogidos* por otras personas y que, a su vez, pueden cambiar el estado mental o emocional de otros.

Alguna vez te ha pasado algo como "¿De dónde viene ese pensamiento o sentimiento? Quizá, sólo quizá, los pensamientos y las emociones son frecuencias o energía y como tales pueden ser tanto transmitidas como recibidas.

Durante la pandemia del COVID-19 en el 2020, ofrecí conferencias, vía Zoom, a cientos de padres alrededor del mundo impulsándolos a practicar la "atención" sobre aquellos pensamientos internos y miedos "guardados", no expresados, que perturbaran o molestaran a la familia. Muchos padres confirmaron que los niños algunas veces reaccionaban de formas agitadas y diferentes, cuando, aparentemente, no estaba ocurriendo algo diferente en el exterior. ¿Podría ser que esos niños, al igual que los bebés del ejemplo anterior, eran sensibles a las energías mentales y emocionales de sus padres o de un grupo aún mayor como de vecinos, por ejemplo, y reaccionaban a esas frecuencias?

Si estás más inclinado por el lado físico de la energía invisible, consideremos, como ejemplo, algo bastante común: un piano. Si alguna vez has asistido a un concierto de música clásica, habrás experimentado la afinación inicial de la orquesta antes de comenzar a tocar.

Por lo general el concertino toca una nota de La (A) en su violín y todos los demás instrumentos tocan su nota musical La (A) para asegurarse de que todos tienen el mismo tono (frecuencia). Antes de hacer esto, el concertino tendría que haber afinado su instrumento con la clave media de La (A) del piano, que vibra a 440 Hz. (Antes, en 1953, en un acuerdo global, se declaró que la nota La (A) central del piano estaría para siempre afinada en, exactamente, 440 Hz. Esta frecuencia es el estándar de referencia ISO-16 para la entonación de todos los instrumentos musicales basados en la escala cromática, la más utilizada para la música en Occidente.)

Saber cómo las orquestas se afinan, quizá no sea tan interesante; sin embargo, la siguiente información podría ser bastante reveladora. Si estuvieses en un cuarto lleno de pianos y tocaras la nota La (A) media en cualquiera de los pianos, *todas las otras cuerdas medias de La (A) de todos los otros planos comenzarían a vibrar.* La física básica es la respuesta en este punto: todas esas cuerdas medias de La (A) están construidas para vibrar a 440 Hz y cualquier cuerda de 440 Hz vibrará cuando esa frecuencia sea transmitida.

Los humanos poseemos nuestro propio equivalente a la nota La (A) media, es por esa razón que: los bebés pueden reaccionar a la *frecuencia* de otros seres; la psicología del rebaño funciona y tú serías capaz de *vibrar* en *armonía* con las *vibraciones* que alguien más emita.

En otras palabras, quizá sea completamente cierto que podemos recoger los pensamientos y sentimientos de otros, aún cuando no estemos conscientes de hacerlo. Mi maestro espiritual, John-Roger, lo dice de la siguiente manera: *Tú no eres responsable de los pensamientos que entran en tu cabeza, eres responsables de aquellos a los que te aferras.* Repito, ¿alguna vez te has preguntado "de dónde vino ese pensamiento o sentimiento"? (Si esta idea de energías conectadas te intriga, podría parecerte interesante escuchar a la Doctora Jill Bolte Taylor, una prominente neurocientífica, quien describe su accidente cerebro vascular en tiempo real. En el proceso de su ACV, descubre su conexión con el infinito. Puedes leer más sobre su experiencia y sus descubrimientos en su fabuloso libro *Un Ataque de Lucidez (My Stroke of Insight)* o mirar la charla TED con el mismo título).

Quizá quieras tomarte un minuto para verificar con tu verdadero ser o en un diálogo con tu alma y escuchar lo que tienen que decir acerca de tu actual experiencia de vida. ¿En qué quisiera tu verdadero ser que te enfocases en tu vida actual? ¿Existen conexiones *energéticas*, lecciones de vida, o conexiones internas que le gustaría que tú hicieses o considerases? ¿Qué pasaría si...?

La Energía Sigue al Pensamiento

La integración del enfoque y la energía nos trae la noción de que la energía sigue al pensamiento. Indudablemente, has experimentado muchas versiones de este simple hecho. Por ejemplo, ¿alguna vez te has sentido hambriento y pensando en una de tus comidas favoritas, tu boca se ha llenado de saliva? ¿Por qué ocurre eso? No has comido nada que necesite la segregación de saliva, y, sin embargo, allí está. Puedes aplicar esta misma experiencia a otros pensamientos y fantasías que terminan con tu cuerpo respondiendo como si tú estuvieses haciendo esa actividad física: dejo esto a tu imaginación para más detalles.

Otro ejemplo: ¿alguna vez has pensando en realizar una actividad que te parezca aterradora? Puede ser cualquier cosa desde un viaje, una visita al odontólogo, la confrontación con alguien, una conversación con tu jefe para pedirle aumento de sueldo hasta lo que se te ocurra. Escoge cualquier cosa que consideres de alguna manera perturbadora.

A medida que piensas sobre una persona o una situación en específico, podrás descubrir que tu diálogo interno agrega una dosis de comentarios negativos, recordándote que sucedió en el pasado con estas situaciones o personas. Mientras persistas con estos pensamientos, puedes observar como tu estómago o tus hombros se encogen, quizá hasta el punto de causarte un daño o un dolor físico, y nada ha sucedido "en el mundo que llamamos real".

¿Por qué? Porque tu cuerpo no puede diferenciar entre un pensamiento bien imaginado y la realidad. A medida que persistes en ese pensamiento, tu cuerpo te suministra la experiencia relevante o la energía que coincida con el pensamiento que tienes. Repito, podría incluir una amplia gama de experiencias, incluyendo salivación, estimulación sexual o respuestas al miedo.

Si reconoces que tus experiencias de vida validan esta premisa, entonces, podrías considerar tomar el control sobre tu proceso de pensamiento y crear áreas de enfoque que sean gratificantes, edificantes o, generalmente, positivas.

EJERCICIO

Los Clips y la Visualización

¿Estás listo o lista para otro experimento? Este involucra un *clip* (sujetapapeles) y algo de hilo. Funciona mejor con un *clip* grande, pero cualquier tamaño puede servir. Toma una hebra de hilo de unos 45 a 60 centímetros de largo, y ajústala a uno de los extremos del *clip*. Toma el otro lado del hilo entre tu pulgar y tu índice, y deja que el sujetapapeles cuelgue sin obstrucción como un péndulo. Si quieres, puedes colocar tu codo sobre una mesa, un escritorio o cualquier superficie dura.

Ahora, con el clip colgando y el hilo entre tus dedos índice y pulgar, simplemente, imagina que el *clip* se balancea de un lado a otro, de izquierda a derecha y regresa. Pronto podrás ver que el sujetapapeles comienza a balancearse en la dirección que has imaginado. También puedes imaginarte que se mueve hacia ti y lejos de ti. Una vez que comienza a moverse, imagina que cambia de dirección, comenzando a moverse en círculos a favor de las manecillas del reloj o en contra de ellas. No pasará mucho tiempo antes que el *clip* se mueva en la nueva dirección que pensaste.

Siéntete libre de jugar con esta idea, imaginando diferentes movimientos, cambios de dirección, etc.

¿Qué está sucediendo aquí?

Hice este experimento a comienzos de 1980 en Boston para un grupo de neurólogos quienes asistían a un curso de gerencia. Como la mayoría de los médicos hicieron que sus *clips* oscilaran, uno de ellos exclamó en voz alta, "Esto es una farsa, asco".

Cuando le pregunté por qué lo decía, afirmó con bastante énfasis que nuestros pensamientos NO podían hacer que los sujetapapeles o clips se movieran; la razón era que los minúsculos movimientos de las manos o los dedos, se amplificaban a lo largo del hilo y, por lo tanto, el sujetapapeles se movía. Todo era físico, nada que ver con nuestros pensamientos o nuestra imaginación.

Para su sorpresa, estuve de acuerdo con su explicación, hasta cierto punto. Le pregunté si había estado intentando mover la mano. Respondió que no lo había hecho. Entonces le pregunté si podía decirme qué vías neuromusculares se habían activado para producir el movimiento. No pudo mencionar ninguna.

Mi sugerencia fue que considerara que, al concentrarse en el resultado, su cuerpo se encargaba de producir los micromovimientos necesarios para que el sujetapapeles se moviera. Su mente creaba el enfoque y el cuerpo cooperaba porque *la energía sigue al pensamiento*.

También le mencioné que algunas investigaciones sobre figuras del deporte señalaban que los deportistas que participaron en la investigación pasaban tiempo *practicando* su deporte mentalmente; los resultados de esos estudios indicaban un gran mejoramiento en la realización de las actividades deportivas en una variedad de escenarios.

Seguía sin estar convencido, así que le pedí que pensara en alguien que sufriera una parálisis. ¿La parálisis fue causada por algo en el sistema muscular o esquelético? No. La causa es que las señales nerviosas, simplemente, no viajan por debajo del nivel de la lesión espinal hasta los músculos pertinentes los cuales, a su vez, controlan el movimiento. Le pedí al grupo que considerara la posibilidad de que un día se pudieran insertar "*cables*" microscópicos en la parte del cerebro asociada con el control neuromuscular y conectar los cables, directamente, con los músculos implicados. ¿Podrían imaginarse que las señales del cerebro pudieran transmitirse a los músculos y dar lugar al movimiento?

Hoy día, existen muchos experimentos que ofrecen grandes promesas en el campo de la salud conocido como neuroprótesis.

El siguiente es un extracto de un artículo del Washington Post publicado el 29 de marzo del 2017:

Bill Kochevar no se alimentó durante más de ocho años, ni se rascó la nariz. No podía. Un accidente de bicicleta en 2006 lo dejó casi paralizado por completo de los hombros hacia abajo.

Ahora, tal y como se indica en una investigación publicada este martes en The Lancet, Kochevar ha recuperado el uso de su mano derecha con la ayuda de una tecnología experimental denominada neuroprótesis. Esencialmente, se creó una nueva conexión entre el cerebro y la extremidad para sustituir la conexión que se había perdido.

Por primera vez en ocho años, este residente de Cleveland de 56 años movió el brazo, simplemente, al pensar en ello. Bebió una taza de café, se comió un pretzel y se comió su puré de patatas.

"Fue increíble", dijo Kochevar en un vídeo publicado por la Universidad Case Western Reserve. "Pensé en mover el brazo, y el brazo lo hizo. Podía moverlo hacia dentro y hacia fuera, hacia arriba y hacia abajo".

"Hemos sido capaces de tomar las señales eléctricas que representan sus pensamientos y utilizarlas para controlar la estimulación de su brazo y su mano", dijo el autor principal del estudio, Abidemi Bolu Ajiboye, Profesor Adjunto de la Universidad Case Western Reserve.

¿Qué tal ese clip?

CAPÍTULO 8

APRENDIENDO A VER LO INVISIBLE

La mente intuitiva es un regalo sagrado, y la mente racional es su leal sirviente. Hemos creado una sociedad que hace honor al sirviente y se ha olvidado del regalo.

—Albert Einstein

¡Diablos! ¡Lo sabía!

¿Alguna vez te has dado tú mismo un golpecito en la cabeza y has dicho algo parecido? Si eres como la mayoría de las personas, sabes de lo que estoy hablando. Todos hemos hecho algo que no ha funcionado, y, en retrospectiva, reconocemos haber tenido una señal interna de advertencia que nos indicaba no hacerlo. Sin embargo, continuamos con nuestro plan.

De igual manera, muchos hemos tenido la experiencia opuesta. Hicimos algo que funcionó, y terminamos exclamando "¡Lo sabía!, pero esta vez sin decir el "Diablos".

Todos tenemos la capacidad de "saber" algo sin ninguna razón aparente para saberlo.

¿Cuál es la diferencia entre saber algo que sale bien y saber algo que sale mal?

La consciencia. La simple consciencia. O mejor dicho, prestar atención a nuestra consciencia interior.

Hay una voz interior, a menudo una voz muy ruidosa y, otras veces, tan sutil que es difícil de escuchar. Sin embargo, la voz está ahí a pesar de todo.

Puedes llamarla molesta, o puedes celebrarla.
Algunas veces, le prestamos atención, otras veces no tanto.
Con la práctica, puedes descubrir que tu conciencia interior se sintoniza más con los mensajes que emanan de tu diálogo con el alma. Quizá comiences a percibir mensajes que pasaban desapercibidos, pero que ahora son cada vez más claros.

¿Qué estás viendo que no es aún visible?

Esta sutil pero poderosa pregunta me la hizo Frances Hesselbeinal cuando nos sentamos juntos, por primera vez, hace veinte años. Frances era la Directora General del Instituto Líder para Líderes (*The Leader to Leader Institute*), cuyo nombre anterior había sido Fundación Drucker Para Gerencia Sin Fines de Lucro (*Drucker Foundation for Nonprofit Management*), y Peter Drucker la llamó la ejecutiva más eficaz de los Estados Unidos.

Entre sus más legendarios logros, se encuentra el otorgamiento de la Medalla Presidencial de la Libertad por haberle dado un giro a la organización de las niñas scouts de los Estados Unidos; además, fue la primera mujer que presidió la asignatura de Estudios de Liderazgo en West Point, la Academia Militar de los Estados Unidos. Sirvió en muchos Comités Directivos importantes y editó 27 libros de negocios, la Señora Hesselbein no era una muñequita de lindos ojos brillantes que vagaba sin rumbo por la vida.

En esta desveladora sección, Frances nos revela un secreto clave para el liderazgo, ya se trate del líder de una organización, su familia o su vida. En mi experiencia, más que pertenecer al terreno exclusivo del liderazgo o de la élite visionaria, ver lo que aún no es visible pertenece, de hecho, al terreno de quien tú realmente eres.

Cada uno de nosotros tiene acceso a información que puede ser utilizada por el cuerpo, la mente y las emociones como herramienta útil para llevar la consciencia y las ideas a la realidad, lo que se conoce, comúnmente, como intuición. Pero para descubrir estas nuevas visiones, tenemos que permitirnos mirar, ver e imaginar de nuevas maneras.

La Visión Centrada en el Alma: Ver con los Ojos Espirituales

Cuando Frances me preguntó que veía que aún no era visible, conecté de repente con una línea de puntos que me regresó unos 35 años. Corría el año 1978, y yo era tan ciego como un topo, utilizando el dicho popular. Mis lentes eran tan gruesos que sin ellos no podía distinguir, literalmente, si una persona era hombre o mujer a cinco pies de distancias.

Alguien me sugirió hacerme una queratotomía radial—una cirugía ocular experimental para ese momento—con el talentoso Dr. Ronald Jensen. El día antes de mi primera cirugía, tuve una reunión con mi maestro espiritual, John-Roger, cuando dijo algo que me dejó perplejo, como si me despertase de pronto. Agregó, sin dejar que yo hablase: *Russell, el problema de tu visión, en estos momentos, es físico, pero el origen no lo es.* Cuando le pregunté qué quería decir, continuó diciéndome: *Por años, te has esforzado para ver con tus ojos físicos lo que solo puede ser visto con los ojos del espíritu.*

En los siguientes años, mientras J-R y yo trabajábamos juntos en los Seminarios Insight, me mostró una variedad de formas de darme cuenta de los niveles más profundos de consciencia: visión interna, visión espiritual, visión centrada en el alma. En el proceso, me ayudó a sintonizarme con lo que yo ahora denomino *Diálogo con el Alma,* una forma de diálogo interno guiado por el alma que me revela todas las maneras de un despertar sutil o conocimiento, algo a lo que llamamos "conocer de manera natural".

Unir el diálogo del alma con mis "ojos espirituales" me ha permitido discernir otras numerosas posibilidades en la vida. Te sugiero que tú también lo hagas. Quizá, requieras tomar un salto de fe para hacer una pausa, ir más allá de la naturaleza auto limitante de tu diálogo interno y preguntarte qué notas, en este momento, que no puedas ver o escuchar. Detenerte el tiempo necesario para hacer estas preguntas sencillas puede ser, extraordinariamente, revelador. Todavía tengo que recordar que la información está disponible para mí si yo estoy disponible para la información. Mi versión de bajar la velocidad es sentarme en silencio como en una meditación, observando muy profundamente dentro de mí, esperando y pidiendo por la revelación de ese sutil conocimiento o intuición profunda.

La Intuición: Acceso A La Guía Interna

Si eres un líder de negocios, quizá ya sepas sobre el poder de la intuición en la creación del futuro. La intuición y los instintos internos son términos, comúnmente, utilizados para lo que yo me he referido como diálogo con el alma o visión centrada en el alma. Esto ya puede parecerte familiar: el diálogo con el alma y la visión centrada en el alma son variaciones sobre el tema de la intuición, pero con un poco más de guía sobre cómo acceder al fabuloso mundo de la intuición e instintos internos. El diálogo con el alma nos impulsa a escuchar interiormente a esa voz suave, mientras que la visión centrada en el alma nos lleva a "mirar" con nuestros ojos espirituales.

En caso y todo esto te suene un poco tonto, mencionaré a continuación lo que algunos reconocidos líderes de negocios y ciencias dicen sobre el tema:

La intuición es algo muy poderoso, mucho más poderoso que el intelecto.—**Steve Jobs**

A menudo me equivoco, pero mi récord de bateo es lo suficientemente bueno como para seguir bateando cada vez que me lanzan una bola. —**Bill Gates** refiriéndose a su instinto interior en una entrevista con la CNN en 2002 (también se cita a Gates con lo siguiente: *A menudo hay que confiar en la intuición*).

Sólo hago lo que me dice mi instinto interno, creo que es sabio escuchar los consejos de los demás pero, al fin y al cabo, tú eres el único que puede decidir lo que es bueno para ti.—**Jennifer López (J. Lo)**

Confío mucho más en mi instinto que en la investigación de grandes cantidades de estadísticas.—**Richard Branson**

El intelecto tiene poco que hacer en el camino del descubrimiento. Llega un salto en la conciencia, llámalo intuición o lo que quieras, la solución viene a ti y no sabes cómo ni por qué.—**Albert Einstein**

La intuición es cada vez más valiosa en la nueva sociedad de la información, y, precisamente, por eso, porque hay muchos datos.—**John Naisbitt**

La intuición es ver con el alma.—**Dean Koontz**

La intuición puede mostrarse en un sinnúmero de vías, que van desde un sentido sutil (sensación interna, instinto interno, etc.) hasta una contundente consciencia o guía interna. Algunas veces, podrías escuchar un diálogo interno. También puede mostrarse como en el sentido que Frances me decía: una clase de visión interna de algo que no era visible en ese momento. Si lo prefieres, un diálogo con el alma, una visión centrada en el alma, una intuición e instinto interno son términos intercambiables para el mismo proceso de conocimiento interno. El punto clave, que continuaremos explorando, es ese aspecto interno de nosotros *que sabe o conoce*, porque está conectado a un saber más profundo a través de nuestro verdadero ser, nuestra alma.

La visión centrada en el alma puede ver más allá de lo que está físicamente presente, así como lo que está próximo a hacerse visible. Estoy seguro que has tenido experiencias de cosas que has visto que no eran aún visibles y que, luego, sucedieron. Estoy seguro que alguna vez has escuchado o te has percatado de algo *por primera vez* y decirte a ti mismo: ¡*Eso yo lo sabía!* Como si en el pasado, en un tiempo anterior, *ya lo sabías*. Y, realmente, lo sabías. Quizá, una vez pudiste haberlo visto, pero no hiciste nada con eso; en otra ocasión, tal vez viste o sentiste algo de antemano, y actuaste según tu percepción.

Si reconoces esa noción de ¡*Lo sabía!* a pesar de si *lo sabías y lo echaste a perder* o *lo sentiste y actuaste* de acuerdo con ello, has tenido la experiencia de ver la vida a través de la visión, de lo que yo llamo ver con los "ojos centrados en el alma". Has experimentado, probablemente, ambos lados de esta clase de consciencia.

Estoy sugiriendo que todos lo hemos *sabido* de antemano, pero quizá hemos negado lo que veíamos o escuchábamos, permitiendo así que permaneciera oculto debajo del nivel de lo visible. A veces vemos u oímos algo en nuestro interior, y nuestra mente se hace cargo con esa odiosa crítica interna en la que nuestro diálogo interno nos dice: "Eso no puede ser verdad", o "Contrólate, nunca serás capaz de hacer eso"; o, quizá, con otras formas de autolimitación. ¿Es ese el único problema? ¿Qué pasaría si vieras, escucharas o sintieras algo que aún no es visible? ¿Era todavía tangible? No tanto. Pero, ¿es real? ¡Por supuesto que sí!

¿Cómo surgió el iPhone? O ¿cómo surgió ese computador que estás usando para leer esto? Con seguridad ese dispositivo no apareció por arte de magia y, luego, le colocaron el nombre de iPhone o MacBook. Los visionarios del mundo operan por curiosidad, creatividad e imaginación; ven los dispositivos móviles, en sus mentes, antes de haberlos construido, ni siquiera prototipos, nada; puede que empiecen sin nada más profundo que la visión de una necesidad que debe ser satisfecha. Así es como funcionan las cosas en mi experiencia. Alguien que empieza a ver algo que aún no es visible; eso que suele llamarse imaginación creativa o intuición, y, luego, se realiza el trabajo necesario para descubrir lo que se necesita para traducir esa visión interna en una realidad externa.

Otra versión de esta clase de acceso a la posibilidad de ver lo "invisible" puede encontrarse en el viejo cliché de "la necesidad es la madre de todos los inventos". ¿Qué significa eso? Qué tal si usamos la frase retadora que John F. Kennedy dijo el 25 de mayo de 1961:

Elegimos ir a la luna…Elegimos ir a la luna en esta década y hacer las otras cosas, no porque sean fáciles, sino porque son difíciles; porque esa meta servirá para organizar y medir lo mejor de nuestras energías y habilidades, porque ese desafío es uno que estamos dispuestos a aceptar, uno que no estamos dispuestos a posponer, y uno que aspiramos ganar, así como los otros, también.

De muchas maneras, el desafío de Kennedy sobre ir a la luna fue una forma de: *la energía sigue al pensamiento*. Hasta hizo referencia a la idea cuando dijo: "esa meta servirá para organizar y medir lo mejor de nuestras energías y habilidades".

Tomen en cuenta que en 1961, la tecnología para completar esta hazaña imposible no existía. Muchos de los que enseñan a otra gente a alcanzar grandes metas insisten que uno de los prerrequisitos para el éxito es enfocarse en resultados exitosos antes que enfocarse en *cómo* obtenerlos. Cuando el SRA (Sistema Reticular Activador) tiene una guía o una imagen de un objetivo o resultado claro, comienza a indagar en el entorno buscando el *cómo* y el *qué* necesarios para llegar al éxito. El éxito no comienza con el cómo lo haremos, sino con un enfoque claro y enérgico del resultado que se busca.

La idea ha estado con nosotros desde siempre, quizá una forma más sencilla y elegante de decirlo sea con las palabras de George Bernard Shaw, que fueron parafraseadas por Robert Kennedy: "Algunas personas ven las cosas tal y como son y se preguntan, ¿por qué? Yo sueño con cosas que nunca han sido y digo, ¿por qué no?".

Si puedes soñar con lo que aún no es visible, quizá puedas hacer algo para llevar esos sueños a la realidad. Sin embargo, crear algo en el mundo real necesita más que solo tener una visión o un sueño. Necesitas revisar el rango de lo que parece posible dadas tus circunstancias, tus condiciones y muchas otras cuestiones prácticas.

Parte del desafío es que ver a través de los ojos centrados en el alma o escuchar a tu diálogo con el alma, raramente, viene con un manual operativo. Debes estar deseoso de investigar lo que estás viendo o escuchando interiormente para, luego, arriesgarte a hacer el trabajo para transformarlo en algo real.

Hacer el duro trabajo de revisión, refinación, recomienzo, etc., es suficiente para que muchas personas abandonen antes de comenzar. Edison pasó por más de mil combinaciones con gas y filamentos antes de hacer realidad su visión de una bombilla real y sostenible. Algo en su beneficio fue que su diálogo interno no había sido programado para notar los obstáculos, las limitaciones o los defectos, pues, de otra manera, podría haber escuchado la voz estridente recordándole sus fallas anteriores: "¿Qué te hace pensar que vas a tener éxito esta vez?".

Así que tenemos un gran desafío: ¿Estamos viendo algo que aún no es visible o estamos en el terreno del autoengaño? Si te enfocas en el primero, juntarás tus recursos internos e imaginarás cómo hacer realidad tu visión. Si eliges la segunda opción, tu diálogo interno saldrá a tu paso tan rápidamente que no habrá nada que hacer. ¿Cómo podrás distinguir la diferencia?

Esa es la gran pregunta. ¿Cómo podrás discernir entre la inspiración y la ilusión, entre la fantasía y la visión o la percepción de lo que aún no es visible? Para mí, el proceso es permanecer vigilante, siempre atento, prestando atención a lo que veo en mi interior y lo que aparece en el mundo "real". Mi proceso de atención vigilante es una combinación de meditación diaria y una revisión constante a lo largo del camino "del mundo real". Si realmente estoy viendo algo que todavía no es visible, la visión persistirá a través de las múltiples sesiones de meditación, aumentadas por las discusiones con otros, la tormenta de ideas y otros enfoques para el desarrollo creativo.

CAPÍTULO 9

EL UNIVERSO RECOMPENSA LA ACCIÓN, NO EL PENSAMIENTO

Cuando algo vibra, los electrones de todo el universo resuenan con ello. Todo está conectado. La tragedia más grande de la existencia humana es la ilusión de la separación.

—Albert Einstein

Imagínate, por un momento, que hay algo llamado *universo* y que tiene la habilidad de producir cualquier cosa que tú puedas querer en la vida, ya sea en el lado de los Símbolos o el lado Experiencial. Con todos esos pensamientos de "me gustaría tener" que "el universo" recibe, ¿cómo podría responder?

Aquí, la teoría es: *el universo recompensa la acción, no el pensamiento.* Es obvio que, antes de actuar, necesitaremos un pensamiento o una conciencia de lo que es posible. Ese pensamiento podría ser de una amplia variedad mundana o ser inspirado por el espíritu. Muy pocas veces, algo substancial se muestra en el mundo real sin un pensamiento guía o una idea.

Sin embargo, el pensamiento o la inspiración, por sí sola, es insuficiente sin la acción hacia la meta o el resultado deseado. Consideremos el ejemplo de Edison: él tenía que pensar en cientos de combinaciones de filamentos y gas; y, luego, tenía que ponerlas juntas para evaluarlas. Esa es la parte de la acción en la ecuación.

Con cada combinación fallida, Edison aprendía más, quizá aclaraba una idea para luego dar un nuevo paso.

Direccionalmente correcto. No perfectamente correcto

¿Cuántas veces en la vida abandonaste algo porque no obtuviste una respuesta o una solución *perfecta*? ¿Has experimentado que cuando tienes un entusiasmo mínimo ante una nueva posibilidad o elección, tu diálogo interno se muestra, exactamente, con advertencias de supuestas ayudas, como por ejemplo: "¡Eso nunca funcionará!" o, quizá, "¡A quién quieres engañar!" o, simplemente, recordándote de todas las veces que has "fracasado" en el pasado? De alguna manera, tu diálogo interno está tratando de hacerte un favor, de protegerte de una desilusión. Al mismo tiempo, también te "protege" del éxito.

En el caso de Edison, él pudo manejar su visión interna y enfocarse en el resultado, no en los pasos en falso, que sucedieron en el intermedio, a lo largo del camino. Mientras muchas de las combinaciones de gas y filamentos fracasaron en lograr el resultado esperado, Edison estaba en la "dirección correcta": sus acciones y combinaciones fueron, simplemente, pasos a lo largo del camino para llegar al resultado deseado. Simplemente, no sabía cuántos más necesitaría para completar su "viaje de mil millas".

Lao Tzu y el Viaje de las Mil Millas

El filósofo chino, Lao Tzu, nos hizo un regalo maravilloso con su sencilla expresión de "Un viaje de mil millas comienza con un simple paso". Muchas otras tradiciones tienen su versión de esta sencilla verdad. La parte obvia de esta sabiduría se reduce al simple hecho de que no puedes llegar a ninguna parte si no comienzas.

El aspecto no tan obvio de esta iluminación se encuentra en la implicación de que podemos saber de antemano cuantos pasos vamos a dar para llegar al final del viaje de mil millas. Si eres una persona que le gustan los números, como por ejemplo, un contador o un ingeniero, puedes estar tentado a calcular la media de tus pasos, dividir el resultado entre las mil millas y obtener el número de pasos que te tomaría completar el viaje.

Mientras este enfoque de medición puede parecerte desde tonto hasta práctico, se desmorona en la realidad. Ese viaje de mil millas podría incluir desvíos inesperados (el puente está caído), paradas interesantes o atractivas a lo largo del camino o cualquier número de pasos extras no calculados en la ecuación.

Si estás comprometido con "llegar a la meta", con llegar al resultado, tomarás tantos pasos como sean necesarios para hacerlo. Si tu diálogo interno revisa tus pasos, luego de haber dado con el número de pasos calculados con anterioridad, puede decirte cosas como: "¡Con esto ya es suficiente!" e intentará desanimarte para que abandones el camino.

"Lo que he hecho hasta ahora ya es suficiente" es una frase que todos hemos oído, o quizá, nos la hemos dicho a nosotros mismos. Sin embargo, si aún no hemos llegado a nuestro destino, entonces, claramente, no es suficiente. Parafraseando a mi maestro espiritual: "No te preocupes acerca de decidir cuánto es suficiente, lo suficiente se mostrará a sí mismo cuando sea, realmente, suficiente".

Edison estaba comprometido con crear la bombilla de luz incandescente, no con el número de pasos o las combinaciones que se requerían para lograrlo.

Una vez que te has comprometido con el trabajo en la dirección del resultado deseado, probablemente, estés destinado a encontrar una fuerza de apoyo que te ayude a llegar allí.

Que creas o no en "el universo" es irrelevante. Hay una enorme fuente esperando a que tú te aclares y te muevas en esa claridad. Aún si no hay nada, tu verdadero ser está prestando atención, y te dará la energía necesaria (la energía sigue al pensamiento) mientras demuestres tu compromiso verdadero al accionar hacia el resultado que deseas.

¿Alguna vez te has dicho que ibas a cambiar algo (comer más saludable, hacer ejercicios con regularidad, ahorrar, etc.) y no lo has cumplido? Cuando nos decimos, a través de nuestros pensamientos, imaginación o sueños, que algo es importante, hay una parte de nosotros, nuestro diálogo interno, que está escuchando; esa parte te ha escuchado decirlo muchas veces, pero también ha notado la falta de seguimiento a ese pensamiento. ¿Qué pasa cuando nos decimos que algo es importante y, luego, no lo hacemos o alcanzamos? ¿Qué crees que cuenta más? ¿Lo qué nos decimos o las acciones que tomamos?

¿Cómo sabe esa persona dentro de ti cuando eres serio y cuando no? Puede ser tan sencillo como que actúes o no según tus pensamientos. Todos conocemos la verdad de que *las acciones hablan más fuerte que las palabras.*

Continuemos amalgamando toda esta información, y miremos un poco más de cerca la idea que presentamos antes sobre "la energía sigue al pensamiento". Podrías recordar que estamos hablando del rol de la imaginación y de cómo un pensamiento bien construido puede ayudarnos a producir la energía necesaria para hacer que esas ideas florezcan.

Por Qué Importan Las Palabras: Definición Vs. Dirección

Quizá ya sea obvio que me gusta trabajar con las palabras en términos de lo que significan energéticamente. Muchas personas se preocupan acerca de la definición de las palabras, lo cual entiendo, y, también, juego con eso. "Definir" una palabra es colocar barreras a su alrededor y declarar que "es esto y no aquello". Las definiciones precisas pueden ser bastante útiles en algunas situaciones, y no mucho en otras.

Tiendo a estar más interesado en lo que significan las palabras en términos de dirección, cómo ellas nos ayudan a mover la energía. Considera, por un momento, que la razón por la cual surgieron las palabras, en primer lugar, fue para ayudarnos a mover la energía de un lugar a otro. Ya fuese para recolectar alimentos (una forma de energía necesaria para sobrevivir), buscar un amigo o un compañero o buscar la seguridad, las palabras nos ayudan de manera individual y colectiva.

Por ejemplo, un vaso es diferente a una taza, eso es seguro. Sin embargo, si alguien tiene sed y dice necesitar un vaso de agua, y tú solo tienes una taza, ¿le dirías que no puedes ayudarlo porque no tienes un vaso? ¡Claro que no! Inmediatamente, entenderías la necesidad energética de la persona, y responderías a su petición, sin importar la definición del recipiente utilizado para servir el agua. Dicho de otra manera, el propósito o la intención de nuestras palabras es a menudo más importante que las fronteras o definiciones, algunas veces limitantes, de las palabras que utilizamos.

La Imaginación y La Visualización: Imágenes Que Requieren Acciones

El diccionario Merriam-Webster define la palabra *imaginar* como "una forma de imagen mental de algo no presente", e imaginación como "el acto o la fuerza de formar imágenes mentales de algo no presente a los sentidos o algo nunca antes percibido en la realidad". Para mí, esto sugiere que *ver algo que* aún *no es visible* es, universalmente, conocido y lo ha sido por un largo tiempo. Después de todo, ¡hasta en el diccionario está!

Si deconstruimos la palabra *imaginación,* encontraremos claves adicionales sobre cómo esto funciona. "Imagen" es el término clave que conforma las palabras *imaginar e imaginación.* Ya dijimos que, de acuerdo con el diccionario Merriam Webster, una imagen es *una foto mental o impresión de algo.* Imaginar algo es, entonces, mantener una imagen mental de algo no presente. La palabra *actio o actiōnis* proviene del latín para acción que significa *realizar un acto o hecho, hacer.* Dicho, de manera sencilla, entonces, *imaginación* es el proceso de mantener una imagen mental de algo que no está presente, y, luego, hacer algo sobre ello; en otras palabras, la imaginación significa *una imagen interior que se lleva a la acción.*

Puede ser útil pensar que la imaginación es un constructo sencillo para la idea de: *la energía sigue a la acción,* con el requisito adicional de *actuar sobre esa energía.* El pensamiento permite o aviva la energía necesaria para producir el objeto de nuestros pensamientos, y, aún así, necesitamos utilizar esa energía de forma activa y comprometida.

La Fuerza Del Pensamiento: ¿Es Pensamiento o Creencia?

Muchos de nosotros hemos construido nuestras vidas sobre creencias e ideas que hemos aceptado de otros como verdades. Esa noción es la fuerza y la importancia del pensamiento.

Como dijimos antes, el cuerpo no puede distinguir entre un pensamiento bien imaginado y la realidad. Repito, tú puedes fantasear sobre estar comiendo tu comida favorita y salivar para ayudar a la digestión de lo que no has consumido. Entones, si el cuerpo siente algo, ¿eso lo hace realidad o, por lo menos, presente? ¡Claro que no!

Sin embargo, si persistes en un pensamiento por un tiempo suficiente, puedes generar la energía o el entusiasmo necesario para levantarte y hacer algo por ello. De una manera más sencilla, puedes persistir en el pensamiento de comer ese platillo y encontrarte en su búsqueda. Sé que he hecho eso sentado en mi casa. He estado pensando sobre el helado que no tenía y he terminado manejando a la tienda para comprarlo.

Si tu diálogo interno persiste en repetir historias o creencias viejas, como lo explico en el contenido del recuadro de la página siguiente sobre mi experiencia al crecer con una madre y un padre durante la época de la Depresión en los Estados Unidos, entonces, puedes encontrarte llevando tu energía hacia algo que no es útil, y, quizá, ni siquiera verdadero.

La energía sigue al pensamiento funciona de muchas maneras, algunas veces con un resultado positivo, otras con no tanta suerte. A veces, actuamos con la energía que sigue a nuestro pensamiento, pero no siempre es así. Sé que me he encontrado soñando despierto con algo, sintiéndome nervioso y molesto en mi interior, y, aún así, termino por no hacer nada.

Aquí tenemos los ingredientes de un acertijo interesante: *la energía que sigue al pensamiento* puede trabajar a tu favor o en tu contra, dependiendo de cómo la trabajes dentro de ti. La imaginación, la visualización y las afirmaciones pueden producir la energía y el ímpetu para emprender acciones positivas hacia tus resultados ideales.

CÓMO ME HAN CONDICIONADO
LAS CREENCIAS LIMITANTES

Déjenme compartir un poco sobre cómo crecí para ilustrar un aspecto del poder de las creencias, de cómo éstas a veces llegan a surgir y, además, cómo una creencia temprana puede continuar influyendo sobre nuestras decisiones y elecciones por muchos años.

Mis padres nacieron y crecieron durante la Depresión Económica en el estado de Iowa. Mi mamá era de un pequeño pueblo de 400 habitantes, y mi papá provenía de una familia campesina. En ese tiempo no poseían muchas cosas.

Durante mi infancia, tampoco tuvimos muchos lujos en la vida, pero yo era feliz. Cuando estaba a punto de empezar mi primer grado en la escuela, recuerdo que mi madre me llevó a la tienda local de JC Penney para comprar mi ropa escolar. De camino a la tienda, mamá no paraba de decir lo duro que había sido para ella pertenecer a una familia sin mucho dinero, y lo avergonzada que se sintió, en su momento, tener que ir al colegio con ropa usada mientras todos los niños ricos tenían ropa nueva. ¡Sus hijos no iban a sufrir esa indignidad!

Y, ahí comenzó a instalarse en mí una creencia sobre la vida. Según recuerdo, ella decía la siguiente frase, casi como un mantra o un rosario: *Puede que no tengamos mucho, pero siempre tendremos ropa que cubra nuestro cuerpo, zapatos en los pies y comida en la mesa.* Ella misma aprendió esta frase al crecer en la Gran Depresión con un padre que se lo repetía con regularidad.

Este fue un tema que se repitió muchas veces y en diferentes circunstancias: desde la ropa del colegio hasta todo tipo de cosas básicas de la vida. Me ahorraré los detalles, pero mi familia se declaró en bancarrota ¡tres veces! La quiebra fue, simplemente, un acontecimiento más para mí, pero traumático para mi madre y mi padre.

Y, así crecí. Durante 18 años, la ropa en mi cuerpo, los zapatos en los pies y la comida en la mesa fueron frases, aparentemente, constantes. En lo que a mí respecta, la vida era buena, y las cosas sencillas estaban más que bien. Desde luego, no me faltaba nada que yo notara. Estoy seguro de que otros estaban más acomodados, y recuerdo haber visitado algunas de sus casas, pero nunca lo relacioné con que estuviéramos menos acomodados. Sus casas parecían sus casas, y las nuestras parecían las nuestras, y eso era todo.

Pasemos a mis 30 años. Ya en ese tiempo, había creado los Seminarios Insight, en los que enseñaba a otras personas a mejorar su calidad de vida. Una tarde, mientras estaba en el escenario frente a 200 personas, tratando de transmitir un punto sobre la naturaleza limitante de las creencias, de repente, me di cuenta de lo que significaba para mí *la ropa en mi cuerpo, los zapatos en los pies y la comida en la mesa.*

Por aquel entonces, yo ganaba lo que consideraba un sueldo muy modesto, pero cómodo. Compartía un apartamento de dos habitaciones con un compañero de piso, y mi cuenta bancaria era lo suficientemente grande como para estar en un banco de verdad, en lugar de en una alcancía en mi casa.

Y de repente, allí en el escenario, me golpeó un conocimiento interno sorprendente sobre mí mismo y sobre cómo había estado viviendo mi vida.

Aunque no tenía muchas posesiones materiales en el mundo, sí tenía *ropa en mi cuerpo, zapatos en los pies y comida en la mesa.* ¡Y eso era lo que me pasaba a mí!

Tenía un gran guarda ropa: trajes bonitos, camisas finas, zapatos italianos; y, a menudo, comía en restaurantes, disfrutando de una buena cena y un buen vino.

Y, aunque *no tenía mucho, sí tenía ropa en mi cuerpo, zapatos en los pies y comida en la mesa.*

¡Oh, Dios mío! De repente, me di cuenta de que las creencias sobre la vida que yo había desarrollado cuando era un niño, dirigían mis decisiones en mi día a día. Por muy inconscientes que fueran mis creencias, ahora estaban a la vista de todos.

Parecía que cada vez que ganaba un poco más de dinero, y empezaba a aumentar mi cuenta bancaria, encontraba otro traje, otro par de zapatos u otra buena botella de vino que tenía que adquirir. Esa noche volví a casa, tomé un lápiz, un cuaderno de notas y empecé a hacer una lista de todas las *cosas* que había acumulado en mi modesto apartamento.

Resultó que tenía una pequeña fortuna sólo en ropa y zapatos. Mi cuenta bancaria no había llegado a los 5.000 dólares, mientras que mi cuenta de *ropa en el cuerpo y zapatos en los pies* estaba desbordada.

¡Ajá! Una creencia que yo tenía sobre lo que significaba ser *uno de los nuestros* (un miembro de la familia Bishop) me había llevado a tomar un conjunto de elecciones sobre cómo vivir que habían dado lugar a un enorme desequilibrio en el destino de mi dinero. ¡Y ni siquiera me había dado cuenta!

Sin embargo, si tomas la ruta más pasiva de tus sueños imaginarios, tu diálogo interno podría decirte que "todo esto del pensamiento positivo de tu imaginación es solo una fantasía". Y, tendrás pruebas suficientes para ello: la ausencia de resultados anteriores para mostrar como aval de haber alcanzado esos sueños. Esa es la "prueba" de que la imaginación y la visualización, simplemente, no funcionan. En este caso, la falta de energía sigue al pensamiento negativo o limitante.

Todo esto nos dirige a la pregunta obligada de: ¿Cuál es la diferencia entre soñar despierto y el proceso de imaginación y visualización? Soñar despierto, rara vez, crea la suficiente energía para levantarnos e ir por algo, especialmente, si el diálogo interno está allí recordándonos que esto nunca funciona para nosotros.

Persistir en la imaginería positiva de un resultado exitoso hace muy posible que generemos la energía o la motivación (motivo para la acción) requerida para alcanzar el cambio o el resultado deseado.

¿Puedes Utilizar Tu Capacidad de Soñar Despierto Para Obtener Un Resultado Positivo?

Soñar despierto podría ser muy lindo, pero soñar despierto con un carro nuevo no siempre nos lleva a producir ese carro que deseamos. Sin embargo, soñar despierto con un carro nuevo (un trabajo, una relación o con cualquier otra cosa, de hecho) traslada una gran energía hacia el objeto de tus deseos. A medida que continúas dándole energía al sueño, el Sistema Reticular Activador Ascendente comenzará a descubrir un número de opciones o elecciones para hacer de ese sueño una realidad.

Si alguna vez has soñado despierto sobre algo nuevo (un carro, una casa, un vestido, etc.), podrías haber descubierto que *de repente aparece* en todas partes. Si mantienes una imagen en tu mente, por ejemplo, la imagen de ese nuevo carro, podrás descubrir que comienzas a notarlo con más frecuencia. No es que de repente aparece de la nada. Más bien, tu Sistema Reticular Activador Ascendente está ahora programado para notarlo, mientras que antes esas imágenes eran solo fondo, y ahora, las ha notado.

Mientras más revisemos la imagen que hemos construido en ese soñar despierto, más empezaremos a considerar las opciones para hacerla una realidad. A veces, la opción es tan obvia como ir al concesionario donde venden ese tipo de autos y comprar uno. Esto es fácil si ya tienes los medios financieros para comprarte uno. Otra opción, menos obvia, es participar en una rifa en la que se sortee ese tipo de auto (no puedes ganar si no participas). Otra opción es, simplemente, contarle a toda la gente que puedas tu resultado ideal, y, quizá, alguien te haga un regalo (no es lo más habitual), pero ¡si sucede!

Para la mayoría de nosotros, encontrar una manera de comprar el carro será la solución más obvia y posible. Pero, ¿qué pasa si no tienes los medios para comprar ese coche? Puede que ya te hayas dado cuenta de que si mantienes tu atención en algo que te gustaría tener, comienzas a hacer cambios sutiles en tus hábitos que hacen más probable la compra del carro. Puede ser algo tan sencillo como recortar algunos de tus gastos, ahorrar un poco aquí y allá, y acumular lo suficiente para ese pago inicial. Es posible que tu diálogo interno te diga que este enfoque es otra fantasía irrealizable, persuadiéndote de que "abandones el sueño" antes incluso de empezar. Sin embargo, si persistes en la imaginación y la visualización, descubrirás que esos pequeñísimos cambios se vuelven más fáciles, incluso naturales.

Por mucho que pienses o sueñes con lo que quieres en tu vida, por muy clara que sea tu visión, por mucho apoyo que le des a esa visión con afirmaciones, por mucho que te mantengas enfocado y positivo en tu mente, probablemente, no terminarás con un resultado positivo hasta que te involucres, activamente, en producir lo que quieres.

Eso es porque *el universo recompensa la acción, no el pensamiento.*

Esto se hace más complicado puesto que hay muchas y diferentes maneras de crear algo.

Algunos necesitarán salir y trabajar hasta el cansancio para lograr esa entrada económica para comprar el carro. Otros, simplemente, pueden sacar el dinero de sus cuentas bancarias. Para algunos será suficiente con comentar a terceras personas sus intenciones y, de alguna manera, atraerán a su vida el objeto   de sus deseos.

Hay muchas maneras de producir un resultado en el mundo físico. Raramente, alguien crea una visión clara, apoya esa visión con pensamientos positivos y afirmaciones, y hace que el carro se plasme en su sala mientras está ocupado pensando acerca de ello y visualizando el resultado positivo.

La clave es una participación activa.

Las Afirmaciones: el papel del pensamiento positivo

Las afirmaciones pueden ayudar en la participación activa. Al igual que la palabra *imaginación*, la *afirmación* contiene algunas pistas sobre su viabilidad. El diccionario Merriam-Webster nos dice que *afirmar* significa *mostrar o expresar una fuerte creencia o dedicación* a algo (por ejemplo, una idea importante). Afirmar significa, entonces, expresar una fuerte creencia o dedicación a una idea *y, luego, actuar, en consecuencia*.

Las afirmaciones son declaraciones positivas que refuerzan un resultado deseado (el hombre en la luna a finales de la década) y ayudan a mantener la formación reticular y tu proceso creativo enfocados. Ayudan, extensamente, con la noción de que *la energía sigue al pensamiento*. Cuánto más expansivas sean tu visión y tus afirmaciones, cuánto más ´mantengas el pensamiento positivo y mientras más te centres en el resultado deseado, más podrás experimentar la activación de tu energía para hacer realidad esa nueva circunstancia.

A medida que tu visión interna y tu diálogo con el alma perciben una nueva posibilidad (considera tu Rueda, por un momento, y cómo te gustaría que cambiara para obtener cosas mejores) y tu entusiasmo aumenta, tu diálogo interno puede aparecer de nuevo, recordándote todas las veces que, en el pasado, fracasaste, te quedaste corto o, simplemente, te rendiste. Sin embargo, si persistes en el enfoque positivo, y empiezas a dar esos pequeños pasos, con el tiempo, tu diálogo interno se te sumará.

El cambio de conducta, junto con la mentalidad que lo acompaña, requiere una combinación de paciencia, persistencia y perseverancia. Los investigadores, los psicólogos y los expertos en cambios conductuales sugieren que puede requerirse entre 21 y 254 días para la creación de un nuevo hábito o enfoque. Mi propia experiencia me sugiere que toma alrededor de 33 días consecutivos generar la energía, la concentración y la disciplina necesarias para lograr el cambio deseado.

A continuación, hay un ejemplo personal de algo que experimenté después de haber terminado el posgrado y evitar la ejecución de cualquier paso significativo que me llevase a mejorar mi vida y avanzar en mi carrera. Todavía tenía una buena cantidad de dudas acerca de mí mismo, y mi diálogo interno estaba ahí para recordarme que otras personas eran mejores que yo, en cualquier número de aspectos, así que para qué molestarme. Descubrí que el hecho de que otra persona fuese mejor que yo, no significaba que mi persona no pudiese mejorar o tener éxito si aprendiese a centrarme en el resultado positivo que más me gustaría alcanzar.

Mantener un enfoque positivo

La primera vez que me enfrenté a la fuerza del poder de la atención sobre un objeto deseado, apoyado con una afirmación positiva, fue durante el Curso sobre Pensamiento Positivo llamado Dinámicas de la Mente (Mind Dynamics). La clase fue ofrecida por un hombre fabuloso y joven, quien, luego, fue mi mentor: Randy Revell.

A medida que Randy avanzaba en esta clase con treinta participantes, me impresionó lo energético, confiado y capaz que se veía frente al grupo en el salón. Para mí, treinta personas parecían formar una audiencia inmensa. Yo había participado y liderado grupos de diez y doce participantes, pero la idea de trabajar con treinta me parecía imposible.

El tercer día del curso, Randy nos pidió elegir un área de nuestra vida donde nos gustaría experimentar un progreso. Por supuesto, elegí enfocarme en mi carrera. La idea de ser facilitador de *grupos grandes* de personas me parecía tanto atractiva como imposible a la vez. Atractiva, pues estaba completamente comprometido con ayudar a la gente después de mi experiencia con el gas lacrimógeno en Berkeley; e imposible, ya que no tenía la suficiente confianza de imaginarme de pie frente a un grupo tan grande.

Randy pensó que esa era un área "perfecta" para mí. Me pidió cerrar los ojos e imaginar estar de pie frente a un gran grupo de personas. ¿Qué podía ver? ¿Cómo me veía de pie frente al grupo? Me pidió que imaginara a la gente viniendo hacia mí y agradeciéndome por la ayuda prestada, diciéndome cuán útil había sido yo para ellos, que sus vidas eran ahora mucho mejor que antes. También me pidió imaginar cómo me sentiría viendo a todas esas personas y escuchando todas las cosas hermosas que tenían que decirme.

Una vez que tuve las imágenes en su lugar, me pidió crear una afirmación, un enunciado sencillo, en positivo y con el tiempo verbal en presente sobre lo que estaba imaginando. Esto fue lo que se me ocurrió: *Yo soy fuerte, tengo confianza y estoy en control de mi vida, haciendo lo que quiero hacer, cuando quiera hacerlo.*

Esta afirmación quizá no gane un premio en diseño de afirmaciones. Sin embargo, funcionó para mí porque, en ese punto de mi vida, yo no me veía como "una persona fuerte, confiada o en control de mi vida". Verme de pie frente a toda esa gente, escuchando todos sus comentarios positivos era una imagen perfectamente alineada con la afirmación que había creado.

Luego, Randy me hizo cerrar los ojos de nuevo e imaginar que estaba viendo la escena desarrollándose, en algo parecido, a una pantalla de televisión o de cine, mientras veía la afirmación desplazándose, como comentarios, a lo largo de la parte inferior de la pantalla.

Una vez que tuve bien clara esta imagen, me pidió que la practicara dos veces al día; una vez por la mañana, inmediatamente al despertar, antes de salir de la cama; y, una segunda vez, por la noche, acostado en la cama, justo antes de quedarme dormido.

Randy sugirió que la práctica de esta rutina, durante 30 días consecutivos, me ayudaría a cambiar mis imágenes internas o mis creencias sobre mí mismo, lo que me llevaría a cambios en el "mundo real". En el lenguaje y los conocimientos que tengo hoy día, Randy me estaba ayudando a crecer y reorganizar mis caminos neuronales, al construir nuevas conexiones neuronales como apoyo al cambio que deseaba.

Comencé este proceso a principios de junio, y mantuve la disciplina todos los días durante varias semanas. Al final del verano, la empresa Mind Dynamics me había contratado y, muy pronto, estuve dirigiendo estas clases más "grandes".

Por supuesto, necesité más que imaginar y repetir las afirmaciones para lograr el cambio tangible que deseaba producir. Como ya he dicho, el pensamiento y el enfoque positivo establecen la imagen, y, todavía así, se requiere una acción positiva para que se produzca el cambio. En este ejemplo personal, después de haber practicado con disciplina estas visualizaciones y afirmaciones diarias durante, aproximadamente, un mes, me puse en contacto con Randy y empecé a preguntarle cómo podía convertirme en un facilitador como él.

Me costó mucho salir de mi zona de comodidad de la universidad y arriesgarme a pedir lo que quería. Sin embargo, la práctica diaria de la visualización me ayudó a construir un "nuevo entorno", acompañado de un creciente sentido interno de capacidad y valor. En mi lenguaje de hoy día, diría que aprendí a dejarme guiar por el diálogo con mi alma y, en el proceso, empecé a reeducar mi diálogo interno en la dirección de mi nuevo camino de vida.

¿Puedes Producir Energía Al Gastar Energía?

Puede ser un poco exagerado considerar cómo esto podría ser aplicable pero, por favor, continúa con la siguiente serie de preguntas: nada que hacer o creer, sólo síguelas y anota si algo te parece o te suena bien.

¿Has hecho ejercicio alguna vez? ¿Alguna vez en tu vida? Piensa en un momento en el que hayas puesto en marcha el sistema cardiovascular, tal vez una buena carrera o un trote, o algún tipo de ejercicio aeróbico. Una vez que terminaste ese ejercicio, tu ritmo cardíaco y respiratorio volvieron a la normalidad, ¿Sentiste que tenías más o menos energía?

La mayoría de la gente dirá que después de hacer ejercicio, sus cuerpos se *sienten* con más energía, no con menos. Esta es una de esas experiencias en las que el resultado es verdadero y falso, a la vez. Mientras hacías ejercicio, quemabas calorías; por lo tanto, desde el punto de vista de la medición, debes tener menos energía de la que tenías al principio, después de todo, ¡acabas de quemar muchas calorías! Sin embargo, es más que probable que tu cuerpo se sienta con más energía como resultado del ejercicio.

¿Por qué? Porque el cuerpo humano fue diseñado para producir energía mediante el gasto de energía. Cuando empiezas a ejercitarte y el ritmo cardíaco aumenta, recurres a la energía que circula en el torrente sanguíneo: la glucosa o el azúcar en sangre. A medida que sigues con el ejercicio y se reduce el suministro de azúcar en sangre, al continuar ejercitándote, el cuerpo comienza a extraer la energía que necesita del glucógeno almacenado en los músculos y el hígado, convirtiéndolo en glucosa o azúcar en sangre.

Una vez que se pone en funcionamiento este pequeño motor de energía dentro del cuerpo y terminas de ejercitarte, el cuerpo sigue convirtiendo el glucógeno en glucosa durante un breve periodo de tiempo, lo que, a su vez, le proporciona la experiencia de sentirse mejor, y con más energía.

Aunque no es exactamente lo mismo, este es un ejemplo de cómo *el universo premia la acción, no el pensamiento*. Puedes pensar en hacer ejercicio y nada cambiará. Sin embargo, una vez que te levantes y te pongas en marcha, descubrirás que tienes más energía para continuar.

Al emprender una acción, no importa la acción que sea, se empezará a producir algún tipo de resultado o experiencia. A medida que vayas desarrollando tus habilidades de concienciación, es probable que empieces a notar si la acción te está llevando en la dirección deseada o no. Cuanto más te des cuenta de si estás "en el camino" o "fuera de él", más claridad descubrirás sobre el camino que debes seguir y las elecciones que puedes tomar.

Aún si tomas el camino "equivocado", puedes desarrollar una visión interna adicional, una conciencia u otras formas de conocimiento interno, que te permitan notar una elección, una vía, un camino hacia adelante que quizá no habías percibido, previamente. Tu diálogo interno puede considerar esas elecciones de caminos "equivocados" como errores, mientras que tu verdadero ser, tu diálogo con el alma, puede considerarlas, realmente, como oportunidades de aprendizaje. He descubierto que esos giros equivocados pueden llevarme a algo hermoso que nunca habría descubierto de no haber sido por ese giro "equivocado".

A veces la recompensa era recibir información adicional sobre cómo producir aquello que estaba buscando. Con frecuencia, la recompensa se ha presentado como un panorama más claro sobre lo que, realmente, prefiero con respecto a lo que había estado buscando.

Los puntos clave que necesitamos para producir más de lo que, realmente, queremos en nuestra vida son: (a) claridad sobre lo que queremos, (b) claridad sobre la razón o el por qué lo queremos y (c) compromiso activo con la producción del resultado. Por lo tanto, *la energía sigue al pensamiento* y *el universo premia la acción, no el pensamiento.*

EJERCICIO

Creando un Cambio Positivo

Podrías considerar crear una versión propia de un cambio positivo apoyado en visualizaciones y afirmaciones positivas. Elige un área de tu Rueda en la que te gustaría experimentar un cambio significativo. Crea una imagen de ti mismo en ese nuevo estado: ¿Qué crearías? ¿Qué verían los demás? ¿Cómo te sentirías tú? ¿Cómo se sentirían los demás con tu cambio? A continuación, elabora una afirmación positiva que apoye el cambio deseado.

Te muestro, a continuación, algunas afirmaciones que podrían ser útiles durante la creación de tu afirmación personal, una que funcione para ti. Recuerda escribirla en tiempo presente y en primera persona.

• Cosas extraordinarias, que parecían imposibles para mí, me están ocurriendo ahora.

- Cada día, en todos los sentidos, estoy mejorando y mejorando (de Émile Coué).

- Experimento milagros en mi vida a medida que lo extraordinario, aparentemente imposible para mí, está ocurriendo ahora.

- La abundancia y la prosperidad se manifiestan ahora en el momento perfecto para el bien más elevado.

- El amor y la energía de Dios se manifiestan, perfectamente, en cada forma y evento de mi vida.

- Vivo una vida de gracia, simplicidad y profundo bienestar.

- Aporto un enorme valor y las personas aman trabajar conmigo.

CAPÍTULO 10

CUANDO LAS METAS Y LAS CREENCIAS CHOCAN

*Sólo vemos lo que queremos ver; sólo oímos
lo que queremos oír. Nuestro sistema de creencias es como un espejo
que sólo nos muestra lo que creemos.*

—Don Miguel Ruiz

¿Te has dado cuenta de que, aunque puedas tener claro lo que quieres en la vida, puedes encontrarte con conflictos o bloqueos imprevistos? Aunque podría ser que no tuvieras todo tan claro al principio, a menudo, el problema puede girar en torno a que tengas objetivos, creencias o intenciones contradictorias.

Aunque tu diálogo del alma te señale un cambio muy estimulante, animándote a dar un paso hacia una nueva dirección, tu diálogo interno puede aparecer para colocarte entre la duda y el miedo al ofrecerte una gama de pensamientos o creencias de precaución. Algunas de las advertencias más comunes son: "¿A quién quieres engañar? No nos merecemos ese tipo de (éxito, objetivo, vida, etc.)". Otro refrán familiar, "a nosotros estas cosas nunca nos salen bien" o "no somos la clase de personas que pueden lograr este tipo de vida".

La experiencia de tener objetivos o deseos contradictorios quizá sea aún más común de lo que pensamos. Un ejemplo muy sencillo podría ser el de pensar en perder peso y seguir queriendo comer helado todas las noches. Tal vez tú deseas aumentar tus cuentas de ahorros o de inversiones, pero la imagen de ese objeto nuevo y brillante, que deseas tener, aparece una y otra vez frente a tus ojos. Para mí, "ropa en el cuerpo, zapatos en los pies, etc." era una de esas imágenes. Quizá, al igual que a mí, tu diálogo interno te diga: "Está bien, solo por esta vez". Por supuesto, ceder ante ese "sólo por esta vez" puede llevarte, fácilmente, a encontrarte con otro "sólo por esta vez" a la vuelta de la próxima esquina.

Cómo las creencias conducen a la pobreza

Hay muchas creencias que podríamos examinar y que podrían obstaculizar tu capacidad de crear tu Rueda y las experiencias que más deseas en la vida. Profundizando un poco en este tema, voy a utilizar las creencias sobre el dinero como punto focal. Pude haber elegido cualquier número de temas, pero el relacionado con el dinero parece entusiasmar a la gente, exasperarla, o, de otro modo, comprometerla.

A medida que avanzamos en este análisis, fíjate en la frecuencia con la que aparece tu diálogo interno, bien sea para confirmar o para discutir varios puntos. Es importante tener en cuenta que, aunque tu diálogo interno toma en consideración tus mejores intereses, también se empeña en tener la razón y en defender las elecciones que has hecho y que te han llevado a dónde estás ahora. En lugar de culpar al diálogo interno, el objetivo es darse cuenta de lo que puede haber en el camino y luego procurar autoeducarnos un poco.

Aquí tienes una serie de preguntas para empezar a trabajar.

- ¿Qué creencias tienes sobre el dinero?

- ¿Qué está bien respecto al dinero?

- ¿Qué es lo que no está bien respecto al dinero?

- ¿Qué tipo de cosas has oído decir a otras personas sobre el dinero?

Si algunas de las siguientes creencias, que comúnmente tienen las personas, te resultan familiares, es posible que estén contribuyendo a limitar tu capacidad de producir o retener el dinero:

- El dinero no puede comprarme el amor (o la felicidad).

- Se necesita dinero para hacer dinero.

- La pobreza es pura (espiritual).

- No soy digno.

- El dinero es la raíz de todos los males.

- Si tuviera dinero, ¿cómo sabría quiénes son mis verdaderos amigos (frente a los que sólo buscan mi dinero)?

- Lo que viene fácil, se va fácil.

- Hay que trabajar duro durante mucho tiempo para hacer dinero.

- Somos el tipo de gente que nunca tendrá dinero.

- El dinero se hace a costa de los pobres.

- Gustos de champán y presupuesto de cerveza.

- El dinero es sucio (asquerosamente rico).

- El dinero arde en los bolsillos.

- Demasiado caro para mi gusto.

- Las mejores cosas de la vida son gratis.

- Es más fácil que un camello pase por el ojo de una aguja que un rico entre en el reino de los cielos.

¿Te resulta familiar esta lista de creencias? Puede que tengas otras que añadir y que yo haya pasado por alto. De manera que pensemos en esta lista de creencias a la luz de nuestra discusión anterior sobre los Símbolos frente a la Experiencia.

Cuando trabajo con grupos, suelo pedir que levanten la mano: ¿a quién le gustaría tener más dinero del que tiene ahora? Casi todos levantan sus manos. ¿Tú la levantas, también? No es gran cosa, sólo una especie de punto de referencia para el resto de la discusión.

Ahora, la parte del "qué pasaría si" de esta conversación es algo así como: "¿Qué pasaría si pudieras tener casi todo lo que quisieras y las únicas variables limitantes fueran tus creencias internas?".

Si eso fuera cierto, ¡Vaya! entonces cada uno de nosotros podría crear casi cualquier cosa. De nuevo, ¿reconoces alguna de las creencias de la lista anterior que pueda impedir que una persona tenga más dinero?

Si crees que "las mejores cosas de la vida son gratis", ¿por qué ibas a necesitar dinero? No me malinterpretes: no estoy discutiendo la verdad o la falta de verdad de esta o de cualquier otra de estas afirmaciones. Es sólo una cuestión de las creencias que tienes y cómo éstas pueden impactar tu comportamiento o incluso tu percepción de las opciones disponibles.

Si estás de acuerdo con la idea de que el dinero se hace a costa del esfuerzo de otras personas y no te sientes especialmente bien "explotando" a los demás, entonces puede que te resulte difícil ganar dinero.

Si "se necesita dinero para ganar dinero" y no se tiene mucho para empezar, entonces, ¿cómo se puede ganar algo? Por supuesto, no dice que se necesite mucho dinero para ganar dinero, sino que se necesita algo para empezar. ¿Qué hay de aquellas personas que empiezan con muy poco y llegan a acumular mucho? ¿O los que empiezan con mucho y lo pierden?

Puede que merezca la pena analizar cuantas creencias, objetivos o intenciones diferentes y posiblemente contradictorias puedas tener en un momento dado.

¿QUÉ SIGNIFICA EL OJO DE LA AGUJA?

La historia del "ojo de la aguja" es un gran ejemplo de cómo las creencias a veces se arraigan a partir de un malentendido sobre algo pequeño, pero crítico.

La frase "ojo de una aguja" se utiliza a menudo como metáfora de una abertura muy estrecha en varias escrituras religiosas, como el Talmud, el Nuevo Testamento y el Corán. Se ha dicho que los pasajes del Nuevo Testamento en Mateo, Marcos y Lucas sobre el camello y el "ojo de la aguja" se refieren a una puerta más pequeña (el ojo) dentro de una puerta más grande (la puerta de la aguja) hacia Jerusalén.

Muchas puertas de las antiguas ciudades amuralladas de Oriente Medio tenían grandes portones que se cerraban por la noche para evitar que los merodeadores entraran a caballo o a lomo de un camello y causaran estragos. Sin embargo, a veces una caravana de los buenos llegaba por la noche y había que permitirles la entrada. En lugar de arriesgarse a abrir la puerta principal o el gran portón, se podía abrir una puerta más pequeña dentro de la grande, el llamado ojo.

Un camello no podía pasar por la puerta más pequeña a menos que se inclinara y se le quitara la carga que llevaba. La metáfora se refiere al camello en dos sentidos: un camello no está apegado a las posesiones que lleva, mientras que los ricos suelen estar muy apegados. El camello tenía que inclinarse o incluso ponerse de rodillas para entrar por el "ojo". Muchos ricos no están tan dispuestos a "inclinarse" o humillarse. De ahí que sea más fácil para el camello...

¿Recuerdan que antes mencioné que crecí en una familia presbiteriana? Recuerdo que este pasaje sobre el camello y la aguja se leía con frecuencia justo antes de pasar el plato de la colecta. El mensaje, no tan sutil para mí, era algo así como: «Vaya, ése es un agujero muy pequeño; ¡de ninguna manera voy a ser rico!

Cómo las creencias crean resultados conflictivos

Las creencias son como vectores que apuntan en diferentes direcciones. En física, un vector es una cantidad que tiene magnitud y dirección. En términos demasiado simplistas, un vector es una línea que indica una fuerza que se mueve en una dirección y cuya longitud es proporcional a la cantidad de fuerza que se mueve en esa dirección. Para nuestro propósito, puedes pensar que los objetivos, las imágenes de ti mismo y las creencias son como vectores. Considerando que algunos objetivos, imágenes de sí mismo y creencias son más fuertes que otros.

Puede que recuerdes el principio de la adición de vectores de tus días de escuela; si no es así, aquí tienes un sencillo gráfico que indica diferentes creencias, mientras que la flecha diagonal representa lo que aparece cuando las creencias limitantes no se controlan.

OBJECTIVO, AUTOIMAGEN O CREENCIA

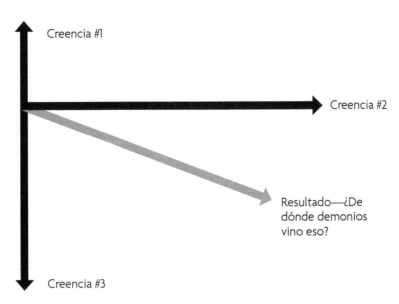

Imagina que sostienes un puñado de estas creencias al mismo tiempo: el dinero es la raíz del mal (no me pillarás siendo malvado), el cuento del camello y la aguja (oye, quiero ser espiritual), se necesita dinero para hacer dinero (y no tengo), y las mejores cosas de la vida son gratis. Mantener cualquier combinación de éstas podría dificultar el ganar o tener dinero.

AUTOIMAGEN: SOY ESPIRITUAL

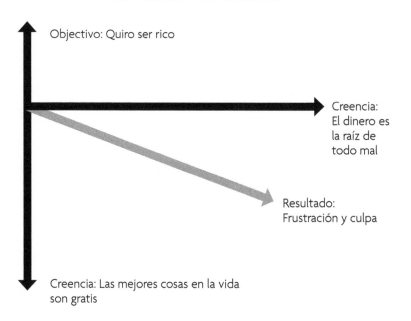

Objectivo: Quiro ser rico

Creencia:
El dinero es
la raíz de
todo mal

Resultado:
Frustración y culpa

Creencia: Las mejores cosas en la vida
son gratis

¿Qué pasaría si: aunque una parte de ti quiera más dinero, si tienes otras creencias, conceptos de ti mismo o intenciones contradictorias o limitantes, puedes acabar bloqueando tu capacidad de percibir, y, aún peor, tu capacidad de hacer elecciones que podrían conducir a una mejor situación monetaria? Mi historia sobre "la ropa en el cuerpo, los zapatos en los pies, la comida en la mesa" es un ejemplo de lo sencillo y sutil que puede ser este proceso. En mi caso, mientras quería hacer crecer una cuenta de ahorros, seguía encontrando zapatos, ropa y comida que "tenía que tener, al menos por esta vez".

Ahora bien, no estoy diciendo que debas buscar tener más dinero. Como ya he señalado, mi vivencia sugiere que tener claras las experiencias que prefieres es mucho más importante que centrarse en el lado de los símbolos de la ecuación.

Sin embargo, si vas a vivir en este mundo físico, puede que te resulte útil tener un poco más del mundo material, mientras vas produciendo las experiencias que realmente buscas. Por lo tanto, podría tener sentido examinar tus creencias internas desde el punto de vista de un posible conflicto o autosabotaje.

(Si esta sección te parece interesante y quieres experimentarla más profundamente, puedes considerar la posibilidad de participar en los Seminarios Insight: www.insightseminars.org. Para Iberoamérica: www.seminariosinsight.com. Muchos de estos principios forman parte de los programas Insight que he diseñado y se ofrecen de forma directamente vivencial).

El papel de las dudas sobre sí mismo

¿Alguna vez te has planteado un cambio importante o de cierta trascendencia, has imaginado cómo podría ser, y luego te has encontrado con que la duda entra en tu mente? Y te preguntas algo como: ¿Puedo hacerlo? ¿Qué podría salir mal? ¿A quién quiero engañar? *Nunca he conseguido nada parecido.*

Incluso mientras escribo esto, me doy cuenta de que mi diálogo interno suscita un poco de duda sobre lo que podría tener que decir, recordándome que estoy muy lejos de haber demostrado estos principios de forma consistente en mi propia vida, y mucho menos de haberlos dominado.

De hecho, la duda y la falta de confianza han sido mis compañeras desde mi primera infancia. No recuerdo exactamente cuándo pasé de ser un niño confiado y precoz a la persona más tímida y poco segura de sí misma que creí ser más adelante.

Tal vez empezó cuando mi madre se burlaba de mí por ser pequeño, refiriéndose a menudo a mí como "posible", como si fuera bueno en algo. Quizá empezó cuando dibujé el perfil de un jefe indio Sioux en sexto grado. El dibujo era extraordinariamente bueno y demostraba una habilidad que nadie creía que yo poseía, hasta el punto de que mi profesor me dijo que era imposible que lo hubiera dibujado yo mismo. Entonces, abandoné mi intento de incursionar en el arte.

Si unimos esta experiencia de sexto grado a una combinación de otras, en algún momento perdí de vista mi potencial de lo que realmente soy. Con el tiempo, empecé a dudar de que tuviera mucho que ofrecer, o de que tuviera muchas esperanzas en la vida.

En mi mente se destacan algunas lecciones contradictorias; lecciones que aprendí por primera vez como adagios de la familia, casi lemas familiares. Hubo otras, como por ejemplo: *No tendremos mucho, pero siempre tendremos comida en la mesa, ropa en el cuerpo y zapatos en los pies.* También, entre esos adagios se escuchaba que "El Señor *No Puede* murió pobre porque no pudo" yuxtapuesto con el lema "Tú puedes ser todo lo que quieras". (Quizás en este punto quieras detenerte un momento e imaginar que el Señor *No Puede* es un nombre propio, y, todo estaría más claro. Esto significa que si te dices a ti mismo que no puedes hacer algo, ni siquiera harás el intento por hacerlo, ya que lo que te estás diciendo es desesperanzador, y, además, de decirte que no tienes la habilidad). *No te hagas ilusiones: a los Bishops no les pasa nada bueno".* Hay muchos más refranes familiares parecidos al anterior.

Esto es a lo que yo aprendí a llamar "Creencias limitantes". Las creencias limitantes pueden llevar a mi mente y a mi diálogo interno en diferentes direcciones al mismo tiempo, lo que a menudo resulta en una forma de parálisis de la acción. Si una parte de mí cree que puedo llegar a ser lo que yo quiera, entonces es posible que tienda a soñar en grande. Pero, si otra parte de mí cree que no hay esperanza porque nada bueno le ocurre a la gente como nosotros, entonces no pondré mucho esfuerzo en hacer realidad esos sueños.

"¡Es un soñador!", ¿es un enunciado peyorativo o un cumplido? Supongo que depende de las creencias o autoimágenes que una persona elija aceptar.

¿Eliges aceptar? Esta es una noción clave. Como verás en el próximo capítulo, la elección desempeña un papel cada vez más importante en el camino para *llegar a ser más de lo que realmente eres.* Por ahora, me limitaré a plantear una pregunta hipotética: ¿Qué pasaría si todo lo que experimentamos en la vida es el resultado de una elección o elecciones que hemos hecho o evitado hacer, consciente o inconscientemente? Del mismo modo que Mitchell no eligió ser atropellado por la furgoneta de la lavandería o quedar paralizado en el accidente de avión, él sí eligió cómo responder a lo sucedido.

Para hacer esto más personal, y por lo tanto más poderoso, ¿qué pasaría si todo lo que experimentas en tu vida es el resultado de las elecciones que has hecho? Repito, no necesariamente las circunstancias, sino cómo has elegido responder a esas circunstancias.

¿Qué pasaría si eso fuera cierto? Si eso fuera cierto, entonces tú y yo seríamos creadores increíblemente poderosos. Si todo se reduce a nosotros y a las elecciones que hacemos, entonces se sostendría que podríamos crear casi todo lo que queremos en la vida. ¿Qué pasaría si eso fuera cierto?

¿Y qué pasaría si no es cierto? ¿Qué pasaría si la vida y nuestras experiencias no dependen únicamente de nosotros y de las elecciones que hacemos? ¿Qué pasaría si eso es cierto, algunas veces y otras no? Bien, si eso no es cierto, si la vida y las experiencias que vivimos, simplemente, nos suceden fuera de nuestra posibilidad de elegir o influir, entonces es así; probablemente, no costará demasiado detenernos a analizar la teoría del "qué pasaría si" en relación con las elecciones.

Pero, ¿qué pasaría si es cierto que la vida y nuestras experiencias de vida son el resultado de nuestras elecciones y sólo de nuestras elecciones? Si eso fuera cierto ¿no tendría sentido averiguar cómo?

Ahora, no me malinterpretes. Hay agujeros en esta "lógica" lo suficientemente grandes como para causar real angustia en un verdadero filósofo, por no hablar de un verdadero pragmático.

Sin embargo, propongo que si "sigues el juego" con la noción de "qué pasaría si", que posiblemente cada uno de nosotros es el autor de su propia experiencia, el creador de su propia vida. ¿Qué pasaría si la clave del éxito en la vida reside en nuestra capacidad de reconocer y hacer elecciones? Si es así, cada uno de nosotros podría llegar a descubrir capacidades imprevisibles para transformar nuestra experiencia de vida en algo verdaderamente mágico.

Cómo usar tus pensamientos para crear lo que quieras

Regresemos, por un momento, a la Rueda de la Vida y a los ejercicios de los Símbolos frente a la Experiencia.

Saca tu Rueda y fíjate en su estado actual. Elige un área en la que te gustaría experimentar progresos.

Al contemplar el área que deseas mejorar, fíjate en lo que tu diálogo interno tiene que decir sobre esa área. Tal vez sea algo como uno de los siguientes comentarios internos:

- *¿Cuántas veces he intentado (perder peso, ponerme en forma, ahorrar dinero)?*

- *Se necesita demasiado trabajo/esfuerzo para mejorar.*

- *Parece que la gente como yo nunca sale adelante.*

- *Nunca contratarían a gente como yo para ese tipo de trabajo.*

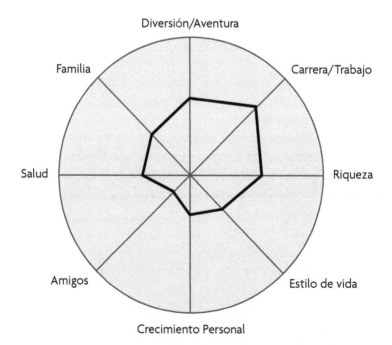

Completa tus respuestas. Al mantener pensamientos como esos, ¿qué tipo de energía parece seguir? Probablemente no sean pensamientos muy motivadores. Sin embargo, producen energía, pero no del tipo de energía que te ayudaría a levantarte de tus sueños para hacer algo, y mucho menos a mantener el esfuerzo en el transcurso del tiempo. Si mantienes ese tipo de diálogo interno, ¿qué probabilidad hay de que inviertas mucha energía para mejorar?

En este preciso momento, tómate un instante y vuelve a realizar una meditación rápida o un proceso interior preguntándote: ¿Tu diálogo con el alma, tu verdadero ser qué te animaría a pensar, qué te diría, qué te pediría decir o qué te pediría hacer? Recuerda escribir lo que oigas.

Veamos el otro lado de esta ecuación. Elige un área en la que estés experimentando el mayor éxito o realización. Suponiendo que tengas un área por encima de la marca del 50% en términos de realización, ¿qué tipo de diálogo interno se produce allí?

Es probable que descubras que tienes una autoimagen o diálogo interno algo positivos en aquellas áreas en las que te va razonablemente bien, donde tú quizá dirías algo como: "Sí, eso es fácil para mí", "Por supuesto, soy bueno en eso", "Me he ganado esto", o cualquiera de una serie de otras perspectivas positivas. Una vez que hayas identificado una o dos imágenes positivas de ti mismo, puedes tomar esa autoimagen o lenguaje y aplicarlo a un área en la que te gustaría experimentar progresos.

Puede parecerte extraño, desconocido o totalmente imposible dadas tus circunstancias actuales. Sin embargo, no desesperes: aquí es donde empezamos a integrar los principios de la elección, la visualización, la afirmación y la zona de comodidad para obtener ayuda.

CAPÍTULO 11

LAS DINÁMICAS DE LA ELECCIÓN

Quizá no puedas dirigir el viento, pero si puedes ajustar tus velas.

—Variación de la cita de Cora L.V. Hatch, 1859

A ntes de explorar las dinámicas de la elección, necesitaremos regresar un poco a reexaminar dos componentes centrales de la elección; la responsabilidad y la rendición de cuentas o hacerse responsable. Para la mayoría de nosotros, las dos palabras significan casi lo mismo: quién se lleva el crédito y sobre quién recae la culpa. La responsabilidad también se relaciona con el deber, muy parecido a la relación que existe entre un padre y la responsabilidad que tiene con su hijo.

Respons-habilidad

No puedes escapar de la responsabilidad de mañana evadiéndola hoy.

—ABRAHAM LINCOLN

Para propósitos de este libro, vamos a utilizar los términos *responsable* y *responsabilidad* de la misma manera que Fritz Perls los definió cuando escribió *Sueños y Existencia (Gestalt Therapy Verbatim)*. Como ya dijimos, Perls popularizó el término *responsable* como la suma de dos morfemas: respons- y -able (respons-able), mientras que responsabilidad la define como *respuesta* y *habilidad (respons-habilidad)* cuya suma significa "tener la habilidad para responder".

En este sentido, *responsabilidad* significa que en cualquier situación que se presente, tenemos un rango de posibles respuestas que se acoplan con nuestra habilidad para implementarlas. Algunas veces tenemos una multiplicidad de opciones o respuestas disponibles, otras veces tenemos, aparentemente, pocas. De igual importancia es saber que podemos tener una mejor habilidad o destreza para con ciertas respuestas u opciones en comparación con otras. Elegir la mejor forma de proceder se convierte, entonces, en un ejercicio para determinar las opciones disponibles (respuestas) y sopesarlas con nuestra habilidad o capacidad actual.

En algunos casos, la *mejor* respuesta teórica puede no estar disponible por causa de las limitaciones que tengamos en nuestras destrezas o habilidades. Cuando ese sea el caso, surge otro conjunto de elecciones: ¿debo elegir una opción menor que esté dentro de mi conjunto actual de destrezas o habilidades, o será más conveniente si primero aprendo mejor la habilidad o destreza que necesito? En esta ecuación entran todo tipo de factores que van desde el momento y la urgencia hasta la experiencia pasada, la confianza en nosotros mismos y lo que nuestro diálogo interior tenga que decir sobre la situación.

Hacerse Responsable:
¿Estás Deseoso de Apropiarte del Resultado?

Aquí nos encontramos con el término responsabilidad que significa *tener la habilidad para responder*, y por otro lado tenemos "la rendición de cuentas", frase que implica *asumir el resultado y hacerse cargo, sin dar excusas ni evadir la responsabilidad por los hechos*; esta frase en inglés equivale a ser "*accountable*", en español *ser responsable*. En el uso convencional, la palabra "accountability", término en inglés para "rendición de cuentas", deriva de términos del francés y del latín que significan *reportar o contar*. Entonces, de manera tradicional, "la rendición de cuentas" significa dar cuenta de las acciones o de los resultados que se obtienen, *después de los hechos*. En este sentido, la rendición de cuentas puede interpretarse, fácilmente, como falta o culpabilidad: ¿Quién es el responsable o culpable *por este lío?*

Sin embargo, para nuestro propósito, propongo un sentido totalmente diferente para esta palabra. En mi trabajo de coaching y consultoría, animo a la gente a reformular "la rendición de cuentas" (accountability) como *tener la voluntad de apropiarse del resultado.* Con este uso, "la rendición de cuentas" se convierte en algo que se asume *antes* de comenzar una actividad o llevar a cabo una acción que nos conducirá a un resultado deseado, en lugar de ser algo que ocurre *después* del hecho.

Si revisas tu rueda o tus notas de trabajo de la sección sobre los Símbolos frente a las Experiencias, podrías encontrar áreas en las que tienes un historial de *culpa a posteriori (rendición de cuentas)* donde tu diálogo interno comienza con los conocidos comentarios de: *Te dije que no funcionaría; una equivocación más en una larga lista de errores; si me hubieran dejado hacerlo a mi manera;* o cualquier otra forma de presentar sus comentarios de crítica y culpa.

También podrías observar las áreas en las que has obtenido grandes progresos. Con el beneficio de la retrospectiva, puedes reconocer que antes de comenzar tu Rueda, asumiste la versión positiva de la rendición de cuentas, a menudo llamada determinación o compromiso. *Estoy comprometido con esto, y haré lo que sea necesario para lograr mi objetivo (respons-habilidad).*

Si estás dispuesto a apropiarte del resultado de tus acciones para mejorar en las áreas que decidiste, entonces, al igual que Edison en busca de su foco de luz o Mitchell en la búsqueda de maneras para superar su situación, seguirás dando micropasos y haciendo los ajustes necesarios, a lo largo del camino, hasta que llegues a algo factible.

Los Inconvenientes de Decidir

Siempre que tengas la oportunidad de elegir, mi sugerencia es que elijas, en lugar de tomar decisiones. ¿Cuál es la diferencia? No hay mucha desde la perspectiva del uso cotidiano del lenguaje. Sin embargo, hay una gran distinción energética entre decidir y elegir. Las decisiones tienden a encerrarnos en un camino ya prescrito, mientras que las elecciones mantienen la puerta abierta a nuevas posibilidades a medida que avanzamos.

Tomemos un momento para deconstruir las palabras y buscar esa distinción energética.

Comencemos por *decida o de-cida–* (provenientes del término en inglés *decide*, *de-cide* y en español *decidir*), ¿qué otras palabras conoces que terminen en -cida (-cide)? ¿Estas te parecen familiares?

- sui<u>cida</u>
- homi<u>cida</u>
- parri<u>cida</u>
- matri<u>cida</u>
- fratri<u>cida</u>
- geno<u>cida</u>
- insecti<u>cida</u>

Estoy seguro de que reconoces el patrón. Estas palabras comunes comparten la misma raíz latina *decider* (de + caedere) que significa cortar, matar o destrozar. Otro significado antiguo es *tropezar por accidente con una trampa*. En mis consultorías, a menudo veo personas que destruyen sus opciones o posibilidades por su ego, su terquedad o, simplemente, por impaciencia.

Si el proceso de decisión es una eliminación de ideas, muy pocos querríamos presentar opciones para que sean eliminadas o despedazadas. Peor aún es la posibilidad de que terminemos tropezando con una trampa y seamos destrozados nosotros mismos.

¡No es de extrañar, entonces, que la gente evite las decisiones!

Sin embargo, a nuestro crítico diálogo interno le puede gustar el proceso de decidir en el sentido de que puede encontrar fallas en casi cualquier opción: *Eso no funcionará porque...;* o *Eso es una tontería porque ....* Con estos ejemplos puedes tener una idea de cómo funciona. Luego, están esas situaciones donde nuestro diálogo interno quiere que evitemos tomar cualquier decisión: *A mí no me importa, tú decides.* ¿Por qué sucede esto? ¿Alguna vez has tomado una decisión solo para descubrir que alguien te critica después?: ¿Pensabas que este era un buen restaurante/película/lugar de vacaciones? Por mucho que a nuestro diálogo interno le guste criticar, no le importan las críticas externas.

Las Ventajas De Elegir

¿Qué puedes hacer en lugar de decidir? ¡Elegir! Esto puede parecer una división, sobre todo porque los diccionarios suelen definir *elegir* como *decidir* y *decidir* como *escoger*. Sin embargo, hay grandes diferencias energéticas.

En este sentido, tenemos entonces *Elegir,* cuyo equivalente en inglés es *choose* que deriva del latín *gustare y* significa *degustar*. Las definiciones modernas de la palabra *choose- elegir en español-* incluyen *tener una preferencia por algo, seleccionar libremente y tomar una alternativa*. Piensa en visitar una heladería o una vinatería: ¿alguna vez has pedido una cata del producto antes de elegir algo? Si no te gusta el primer sabor, puedes probar otro y otro, hasta que te decidas por el que más te guste y eliges.

Ésta podría ser la forma más sencilla y eficaz de considerar la elección o el proceso de elección. Cuando pides el sabor, sabes que quieres algo, sólo que no estás seguro de qué elección te llevará al resultado deseado. Si decidimos de antemano que *el chocolate es el mejor porque todo el mundo sabe que la vainilla es, simplemente vainilla*, es aburrida; podemos terminar desechando algo que, quizá, podríamos disfrutar.

Desde el punto de vista energético, *una elección* implica *un sentido de dirección o de movimiento hacia algo que deseamos*, mientras que *decidir* sugiere *alejarse (cortar, evitar la trampa, matar).*

Si eliges por un resultado deseado y parece que no funciona, eres libre de volver a elegir (tomar una alternativa). Puede ser difícil reconducir una decisión porque cambiar puede implicar que estabas equivocado desde el principio. Puede que hayas defendido con tanto ahínco la primera decisión que es difícil dar marcha atrás.

Sondea o verifica antes de comprometerte

Trabajar en esta idea de probar antes de comprometerse, también, puede hacerse desde nuestro interior. Si te encuentras con que quieres crear un cambio de algún tipo, una forma de probar la idea es, simplemente, comprometer tu imaginación primero. A este proceso interno lo llamamos *sondear o verificar* algo.

Antes de decidirte por una opción o completar una acción, ten un diálogo con tu alma sobre el resultado que deseas tener; imagina las elecciones posibles o las acciones que puedes tomar; y, luego, apóyate en la idea imaginando que das uno o dos pasos en cada una de las direcciones posibles. Seguidamente, puedes *simular* los resultados de las acciones hacia las que te *inclinas*. Es posible que te sorprendas con las perspectivas que se van aclarando en el proceso. Por supuesto, también tienes que considerar la propensión de tu diálogo interno a anular todo, inclusive, este ejercicio mental, diciendo cosas como: *¿Estás loco? ¡Esto nunca podría funcionar!*, o cualquiera de las docenas de variaciones que pueden ser conocidas para ti.

En mi trabajo, con frecuencia, utilizo la noción de *verificar algo* antes de saltar y abordar el asunto. Reconozco que requiero de compromiso para obtener el resultado que deseo. Sin embargo, tú puedes estar comprometido por completo con el resultado sin estar del todo *por completo* en el camino *correcto* hacia adelante. En lugar de *decidir* por el *camino correcto,* puedes decidir por apoyarte, *evaluar las aguas* o *revisar el territorio* antes de *apostarlo todo.* ¿Puedes darte cuenta de cuántos clichés hay en este tipo de enfoque para elegir o escoger?

¿Estás intentando resolver el problema incorrecto?

No importa cuán determinado podrías estar en el trabajo de mejorar tu Rueda y tu experiencia de vida. Para realizar las mejores elecciones, necesitas tener certeza de estar resolviendo o solucionando el problema correcto.

En los años que he estado trabajando en esta área con grupos en los seminarios, con equipos de trabajo en las diferentes organizaciones o con clientes individuales, directamente, he conocido personas que tienden a enfocarse más en los efectos del problema que en la fuente que los ocasiona. Cuando esto ocurre, la gente se acostumbra a *solucionar* el efecto sin siquiera entender por qué el problema surge una y otra vez.

Voy a contarles una historia personal. Cuando tenía diez años, durante el verano, mi familia decidió viajar desde la Bahía de San Francisco hasta Iowa para visitar a unos familiares. Una tarde estábamos reunidos en el porche de la casa, los adultos conversando, los niños jugando y, de alguna manera, esperando que bajara la temperatura.

Un poco antes, mi abuela había colocado una cobija sobre una de las barandas del porche, en caso de que alguno de nosotros la pudiese necesitar, pues se acercaba una tormenta. Mientras jugábamos, tumbé la manta de la baranda, y ésta cayó sobre el suelo del jardín. El tío George se dio cuenta, y me pidió que la recogiera y la colocara de nuevo en su lugar. Estaba a punto de doblar la cobija y ponerla en su lugar, cuando mi tío me preguntó si la sacudiría primero.

Yo no veía nada de sucio, pues estaba mirando la parte que había caído hacia arriba. Mi tío me señaló el otro lado de la cobija que estaba manchado. Así que le di la vuelta a la cobija, la coloqué, de nuevo, sobre el suelo y limpié la parte sucia. Estaba a punto de colgarla cuando, nuevamente, mi tío me preguntó si iba a sacudir la manta. Cuando protesté y dije que ya la había limpiado, me pidió mirara el otro lado de la manta.

Estaba realmente sorprendido al ver el sucio, así que le di la vuelta y la volví a limpiar. Sé que ya han comprendido a donde vamos con esto: después de repetir el proceso varias veces, mi tío George dijo de pronto: *Me pregunto si alguna vez aprenderá.*

En ese momento me di cuenta de que mientras limpiaba un lado de la manta, volvía a ensuciar el otro lado al colocarla en el suelo. Así fue como aprendí que, si colocaba la manta sobre la barandilla, con el lado sucio hacia arriba, podría limpiarla y resolver el problema de volverla a ensuciar.

¿Tienes cobijas o mantas sucias que has intentado limpiar una y otra vez enfocándote en el resultado sin considerar la fuente del problema?

EJERCICIO

Consulta con tu diálogo del alma antes de elegir

Puedes practicar este sencillo ejercicio para cualquier situación que requiera de una elección o una decisión de tu parte. Puedes hacer una meditación o un ejercicio por escrito.

Comienza por identificar el área que vas a consultar. Invita a tu verdadero ser para realizar un diálogo con tu alma para trabajar contigo el área que has escogido.

- ¿Cuál es la situación, el problema o la oportunidad que quieres revisar?

- ¿Cuál es el resultado que deseas?

- ¿Cómo se verá cuando lo obtengas?

- ¿Qué opciones o elecciones te imaginas que podrían estar disponibles para ti?

- Utiliza tu imaginación para visualizar la opción A en proceso.

   - ¿Cómo sería si decides elegir esa opción? ¿Cómo te sentirías?

- ♦ ¿Cuál podría ser el resultado o los resultados (visualiza tanto el beneficio potencial, así como también los riesgos de posibles pérdidas)?

- ♦ Presta atención a las críticas o la resistencia de tu diálogo interno y escríbelas.

- • Repite el proceso con cada opción o elección posible.

- • Cuando hayas terminado de previsualizar o verificar cada opción o elección, consulta con tu diálogo del alma para que te guíe o te provea de alguna recomendación.

- • ¿Qué micropaso puedes tomar para comenzar a verificar la opción o elección?

- • Planifica cómo realizar ese primer micropaso.

- • Determina un tiempo para revisar tu progreso, consulta a tu diálogo con el alma para cualquier otra visión interna u opciones que puedan aparecer.

Culpar o quejarse NO son estrategias

Justo después de mi experiencia con el gas lacrimógeno, uno de mis mentores me ayudó a centrarme en mi diálogo interno, y observar su tendencia a quejarse por diferentes aspectos de mi vida. Aunque había empezado a despertar hacia una mayor paz, amor y cuidado que yo quería experimentar en el mundo, todavía estaba atrapado en mi tendencia a la crítica y la queja.

Mi mentor me ayudó a buscar el mensaje subyacente y el propósito de mis constantes quejas con una sencilla pregunta: ¿Qué esperas conseguir con tus quejas? Esa pregunta me desarmó, pues nunca había considerado que podría haber un mensaje o un propósito en mis quejas.

Mi respuesta, nada convincente, se relacionaba con mi deseo de que las cosas fuesen diferentes y que alguien más hiciera algo por ello. En esta sencilla respuesta de mi diálogo interno había un mensaje implícito del diálogo con mi alma: más allá de quejarme de las cosas tal y como eran, una parte más profunda de mí quería involucrarse para lograr marcar la diferencia. Sólo que no estaba listo o dispuesto, realmente, a arriesgarme a involucrarme.

Me preguntó cómo la queja haría la diferencia en la situación. Por supuesto, no tenía una respuesta adecuada. Una parte de mí igualaba la queja y la crítica con realizar elecciones verdaderas, como si quejarme y criticar lo que pasaba cambiaría algo. Continuó presionándome, y me pidió que considerara alguna elección que yo pudiera hacer para transformar mis quejas en algo importante, algo procesable, algo que pudiera hacer para mejorar las cosas.

Una respuesta fue que yo podría aceptar las cosas tal y como eran y, así, no habría nada de que quejarse. Sí, esa opción está bien. Eso podría ser verdad. He aprendido que *aceptar* puede ser central para apreciar la vida con un mayor equilibrio, paz y ecuanimidad. Como vimos en el Capítulo 3, la aceptación es un requisito esencial antes de poder percibir o tomar elecciones significativas.

Sin embargo, al hurgar aún más profundamente, pude descubrir, que dentro de la queja, había un mensaje poderoso, enviado en mi diálogo con el alma, que tenía escondido de mí mismo. Mientras mi diálogo interno estaba ocupado quejándose acerca de cómo otras personas tenían mejores oportunidades que yo en sus vidas, o repitiendo la idea de cuán injusto era el mundo, desde mi perspectiva, mi diálogo con el alma estaba resaltando que había elecciones proactivas que yo podía tomar y que representarían diferencias significativas.

¡Lo sé! Escondida en mis quejas había una cierta exigencia, un sentido de derecho, de que merecía algo mejor, que el mundo me debía un mejor conjunto de circunstancias. No sólo quería que las cosas fueran mejores, sino que, además, sentía que alguien me lo debía. Mi diálogo interno estaba completamente seguro de que eso era verdad; me recordaba todos los *malos momentos* que había soportado, desde las bancarrotas familiares hasta el hecho de vivir en mi coche durante un tiempo.

Mi amigo y mentor me preguntó qué tendría que arriesgar para conseguir lo que quería, y hacer que las quejas se alejaran.

Esa pregunta me paralizó por un momento. Cuánto más reflexionaba sobre la pregunta, más comprendía que la eliminación de mis quejas, para obtener una experiencia más satisfactoria, implicaba tomar una acción para solucionar la situación que enfrentaba. Ya fuese una relación más agradable, un mejor trabajo, o una mejor calidad de vida, si algo iba a cambiar, dependería de mis acciones, de lo que yo hiciera al respecto. Esto puede parecer tan obvio como que el día es largo, pero aún no lo había comprendido, en realidad, para que mi diálogo interno recibiera el mensaje interior, y continuara su camino. Así pues, escarbamos un poco más.

El mensaje oculto en las quejas

Fue entonces cuando descubrí una consciencia que me cambió la vida: *Las quejas son señales de algo que se prefiere, pero no se arriesga.*

Si mi diálogo interno se queda en la queja, puedo seguir fingiendo que no sólo quiero algo mejor, sino que me merezco algo mejor. Y, también, consigo fingir que todo sería mucho mejor, *si sólo...Si sólo se apartaran de mi camino y me dejaran dirigir las cosas, las cosas irían mejor por aquí.*

Hay varios aspectos preocupantes en este tipo de pensamiento, y no sólo la arrogancia inherente que se necesita para sostener tal pensamiento. ¿Y si soy capaz de mejorar las cosas, pero no estoy dispuesto a arriesgarme a descubrirlo?

¿Y si *ellos* me dejaran dirigir las cosas? ¿Y qué pasaría si las cosas no mejoraran? ¿Y qué pasaría si las cosas empeoraran aún más? *Si sólo* fuera mi escenario perfecto sin riesgo alguno: tendría que seguir diciéndome a mí mismo, y a cualquiera que me escuchara, lo mucho que mejorarían las cosas si me dejaran hacerlas a mi manera.

La mosca en esta sopa es que no me arriesgaría a dar un paso adelante para ver si podía hacer la diferencia que me había dicho a mí mismo que quería hacer y que era capaz de hacer. Así que continué con mi fantasía perfecta de una vida mejor, haciéndoles saber a los demás que *ellos* lo estaban arruinando.

¿Hay algo diferente que quisieras experimentar en tu vida? ¿Mejor trabajo? ¿Mejor casa? ¿Mejor salud? ¿Mejores contextos? Si no has comenzado ese viaje, te animo a que tomes ese viaje de las mil millas para crear la vida que preferirías tener.

La forma como respondes al problema ES el problema

Comienza por hacer lo necesario; luego, haz lo posible;
y, de pronto, estarás haciendo lo imposible.

—SAN FRANCISCO DE ASÍS

Al aceptar la respons-habilidad de nuestras reacciones ante cualquier cosa que ocurra a nuestro alrededor, podemos comenzar a descubrir una gran cantidad de opciones que conducen a la experiencia de vida mejorada que realmente buscamos. Al reconocer que somos nosotros los que elegimos nuestras reacciones o respuestas, los juegos de la culpa y la queja dejan de tener poder sobre nosotros. No es que no podamos volver a caer en el juego; después de todo, es posible que se haya vuelto demasiado común para muchos de nosotros. Pero el juego ya no funcionará tan bien una vez que experimentemos que somos nosotros los que elegimos cómo responder.

Los Doctores Ron and Mary Hulnick escribieron en su libro *Lealtad para tu alma: Cómo te Relacionas con el Problema es el Problema (Loyalty to Your Soul: "How you relate to the issue is the issue")*. Siguiendo mi enfoque sobre la respons-habilidad, estoy reformulando su brillante frase en cómo RESPONDER al problema, es el problema.

Los filósofos han observado este fenómeno, aparentemente, desde siempre. Voltaire bromeaba al decir: *Todo hombre es culpable de todo el bien que no hizo*. Esa frase es digna de consideración por sí sola. La mayoría de nosotros no tenemos que mirar al pasado lejano para identificar alguna elección que hayamos evitado, que no hayamos hecho o que, simplemente, se la hayamos delegado a otra persona. Muchos se preocupan por el medio ambiente y, sin embargo, a veces *ignoran la basura* que se encuentra en el pasillo o en la acera. Esa elección de ignorar la basura contribuye a la degradación del medio ambiente, como también contribuye cuando no haces el bien que estaba justo delante de ti. Puede ser fácil ignorar este ejemplo, aparentemente, casi intrascendente, hasta que reconocemos que no hay muchas consecuencias sin esos micropasos de elección consciente para realizar los pequeños progresos.

¡Ningún copo de nieve en una avalancha se siente responsable! Este enunciado es un ejemplo maravilloso que captura la esencia del mensaje. Aunque a menudo se le atribuye esta frase a Voltaire, parece que pertenece al poeta polaco Stanislaw Jerzy Lec, en su trabajo de 1969, *Pensamientos Despeinados (More Unkept Thoughts)*. Sin importar la fuente, la metáfora del copo de nieve contiene un mensaje subyacente muy poderoso que a menudo hace eco en la siguiente observación: *Si no eres parte de la solución, eres parte del problema*. Ignorar la basura que está frente a nosotros puede ser tan nocivo para el medio ambiente como crear la basura, en primer lugar.

Puede ser útil tener en cuenta la posibilidad de que los problemas personales y los entornos degradantes que evitamos pueden llevarnos a una de las siguientes dos preguntas: ¿Estoy perpetuando los problemas en mi vida por haber *ignorado la basura?* o *¿He abandonado la oportunidad o el bien por mi propia falta de acción?*

Uno de los aspectos no tan obvios, pero sí bien poderosos, de este enfoque sobre cómo experimentamos la vida es que no necesitamos tener la respuesta correcta para que surja algo útil. Con sólo plantear la pregunta sobre nuestra respons-habilidad ante lo bueno que aún no hemos experimentado o los problemas que nos han llegado, es probable que descubramos a nuestro diálogo con el alma señalándonos las opciones disponibles que podrían conducirnos a un cambio positivo en nuestra situación actual.

El diálogo interno, a veces, prefiere mantener el juego de la culpa y la queja aunque sólo sea porque es más fácil culpar a alguien o a algo que aceptar la respons-habilidad y tomar nuevas elecciones. Aunque no tengamos una solución perfecta, involucrarnos y tomar las acciones que podamos inicia el proceso hacia el progreso que queremos. Incluso un micro progreso suele ser mejor que ninguna mejora en absoluto. *Cualquier puerto es bueno en una tormenta, Roma no se construyó en un día* y *Lo perfecto es enemigo de lo bueno*, son tres adagios populares que apuntan a esta simple verdad: Tenemos que comenzar en algún lugar.

Al escuchar con atención las palabras de ánimo y sabiduría de nuestro verdadero ser, podemos dar pasos más allá de las limitaciones impuestas por nuestro diálogo interno de dudas, culpas, quejas, auto crítica y creencias limitantes.

¿Hay algún área en tu Rueda de la Vida dónde te gustaría mejorar o cambiar? Si algo te molesta, si te encuentras lleno de desafíos, si hay un área que te gustaría mejorar, ¿Qué podrías hacer para lograrlo? ¿Qué micropasos podrías tomar que te colocarán en ese camino del cambio para mejorar?

A lo mejor, te gustaría tomar unos momentos en este punto para ir dentro de ti (meditar) y en un diálogo con el alma preguntar qué mensaje tiene para ti sobre los pasos que debes tomar ahora.

EJERCICIO

Convertir Las Quejas En Soluciones

Detente por un momento y piensa en un área de tu vida en la que te veas quejándote o, quizá, te hayas visto quejándote en el pasado. Hay un par de maneras cómo enfocar este ejercicio.

Una opción es escribir algo acerca del área de la queja y trabajar en las preguntas que te presento. Otra opción podría ser realizar una meditación, completar un diálogo con tu alma y pedirle que exploren juntos los posibles caminos.

Con cualquiera de las opciones que tomes, sigue ese camino y descubre a dónde te lleva.

- Pregúntale a tu dialogo interno: ¿Qué hay en tu vida que encuentras objetable, injusto o, simplemente, que no te gusta?

- Imagínate: ¿Cómo sería si la situación cambiase?

- Pregunta en un diálogo con tu alma: ¿Qué micropasos podrías tomar hacia ese progreso o cambio? Recuerda: *Direccionalmente correcto, no perfectamente correcto.*

- Pide que tu diálogo con el alma y tu diálogo interno se alineen:

   ♦ ¿Cuándo podremos tomar ese primer paso?

   ♦ ¿Nos comprometeremos a hacerlo?

      ○ Si es así, ¿podemos tomar ese primer paso en este momento, en este mismo minuto?

      ○ Si hoy no es posible, entonces, marca una fecha en tu calendario: haz una cita contigo mismo para completar el próximo micropaso.

- Observa cómo te sientes al actuar hacia tu resultado deseado.

- Agradécele a tu diálogo interno por unirse en el trabajo.

Incluso, dar micropasos puede ser inmensamente gratificante.

CAPÍTULO 12

EL DOLOR ES INEVITABLE,
EL SUFRIMIENTO ES OPCIONAL

*Cuando ya no somos capaces de cambiar una situación, nos en-
frentamos al desafío de hacer cambios en nosotros mismos.*

—Viktor Frankl

¿Qué pasaría si el sufrimiento proviniese de la falta de aceptación y la inhabilidad para encontrar una respuesta apropiada, incluso en las circunstancias más extremas?

Mitchell nos hace recordar que *No Es Lo Que Te Sucede, Sino Lo Que Tú Haces Acerca de Ello*. Sería fácil imaginar cómo Mitchell podría haberse permitido sentir lástima por sí mismo, quejarse de lo injusto de su situación y darse por vencido. Si lo hubiese hecho, habría sumado un elemento redundante de sufrimiento a la ya dolorosa realidad que enfrentaba. Particularmente, sé que me he rendido en situaciones mucho menos graves en mi propia vida.

Sin embargo, como Mitchell comprendió muy bien, si hubiese elegido centrarse en culpar a otros por lo que le habían quitado, podría haberse condenado a una vida de mediocridad en el mejor de los casos. En cambio, comprendió que podía elegir encontrar una oportunidad, incluso mientras lidiaba con sus quemaduras defor-mantes y su parálisis.

Si él se hubiera inclinado por la idea de *pobre de mí*, su Sistema Reticular Activador Ascendente le habría proporcionado un interminable y desesperanzador enfoque que, a la vez, le habría conducido a no tener más elección que la de sentir lástima por sí mismo. En el discurso de Fritz Perls, Mitchell entendió su responsabilidad, su capacidad de respuesta ante la situación que enfrentaba. Si hubiera sucumbido al diálogo interno negativo sobre la responsabilidad como culpa, y tratar de buscar al responsable de esta "tragedia", estoy bastante seguro de que habría encontrado a muchas otras personas dispuestas a aceptar que alguien más tenía la culpa, que la vida es injusta, etc. Si hubiese considerado el común acuerdo de todas esas personas, se habría condenado a una vida llena de miseria.

Al elegir enfocarse en su capacidad de respuesta, Mitchell escuchó a su verdadero ser con más agudeza, recordándole que podía hacer cualquier número de elecciones sobre cómo responder a su situación. De hecho, él eligió responder, proactivamente, a sus circunstancias, aunque con menos opciones que antes de sus lesiones, pero, incluso así, con numerosas posibilidades. Mitchell es autor de varios *bestsellers*, orador motivacional del salón de la fama y un exitoso empresario: todas ellas son posibilidades que surgieron de las *tragedias* que le ocurrieron.

Viktor Frankl—Descubriendo la verdadera libertad

Viktor Frankl, psiquiatra austriaco, nos ofrece otro poderoso ejemplo que nos hace recordar la capacidad que tenemos de elegir nuestras respuestas. Durante la Segunda Guerra mundial, Frankl fue hecho prisionero, junto con su esposa y sus padres, y enviado al campo de concentración de Auschwitz-Birkenau. Pronto, fue separado de su familia: su esposa, Tilly, murió en Bergen-Belsen, su padre murió en Terezin, y su madre y su hermano fueron asesinados en Auschwitz.

Sus vivencias le llevan a crear el libro *El hombre en busca de sentido,* donde Frankl describe sus profundas experiencias en los campos de concentración donde vivió. Bajo las circunstancias más horrendas, Frankl no sólo sirvió a sus compañeros de prisión en pequeñas pero significativas formas, sino que también descubrió lo que más tarde definió como la verdadera fuente de la libertad de la humanidad. Imagínate eso: ¡aprender sobre la libertad en un campo de concentración!

He aquí un resumen de lo que Frankl aprendió sobre la libertad durante su permanencia en los campos de concentración, tomado de su libro *El hombre en busca de sentido*:

> *... al hombre se le puede arrebatar todo salvo una cosa: la última de las libertades humanas—la elección de la actitud personal ante un conjunto de circunstancias—para decidir su propio camino.*
>
> *Entre el estímulo y la respuesta hay un espacio. En ese espacio tenemos el poder de elegir nuestra respuesta. En nuestra respuesta se encuentra nuestro crecimiento y nuestra libertad.*

La poderosa respuesta de Frankl ante su experiencia nos proporciona una increíble visión y orientación que podemos utilizar en nuestras propias vidas.

(Si te encuentras con tu diálogo interno diciéndote que estas experiencias y lecciones de Frankl y Mitchell son como querer abarcar demasiado, puedes considerar leer los libros *El hombre en busca de sentido*, de Frankl o *No Es Lo Que Te Sucede, Sino Lo Que Tú Haces Acerca De Ello,* de Mitchell. Ambos libros son grandes fuentes de impresionantes lecciones de vida. Tal vez tu diálogo con el alma te esté susurrando, recordándote que vale la pena considerar la premisa de *Qué pasaría si...*).

Si estás dispuesto a jugar al juego de *¿Qué pasaría si...?*, tu primera elección será cómo eliges responder a lo que ocurre en tu vida. Esa elección o respuesta inicial es interna. Si escuchas el mensaje negativo que tu diálogo interno emite, puedes encontrarte dejándote llevar por las limitaciones y ensombreciendo las posibles elecciones y las diferentes maneras de avanzar. Si escuchas con más atención la tenue voz de tu diálogo con el alma, puede que descubras, como hicieron Viktor Frankl y Mitchell, que hay opciones disponibles para avanzar, elecciones que, a veces, se ocultan a simple vista.

He descubierto que mi verdadero ser siempre me señala opciones mejores, siempre me anima a encontrar un camino hacia adelante, un camino que asciende, sin importar las circunstancias. Al principio, estos pequeños pasos pueden no parecer elecciones que cambien la vida, pero, a menudo, son los primeros pasos importantes en ese viaje de mil millas hacia una vida mejor.

Compromiso: el 99% es un fastidio

Si tienes una idea de las áreas o aspectos que te gustaría mejorar en tu experiencia de vida en estos momentos, y estás dispuesto a dejar de culpar a las circunstancias y a otras personas, entonces, comprometerte es el siguiente paso.

Muchas personas se comprometen hasta que las cosas se ponen un poco difíciles y el diálogo interno entra en escena para recordarles que, después de todo, nunca quisieron esto. Esto exige que nos preguntemos: *en primer lugar, ¿a qué me comprometo?*

Retomando los ejercicios de la Rueda y los Símbolos frente a la Experiencia, el primer requisito es tener claro cuáles son los resultados que quieres alcanzar con el compromiso. Si el compromiso está en el lado de la ecuación que muestra la cosa o el símbolo, es posible que tu diálogo interno esté en lo cierto al decirte que no importa en primer lugar. Si te comprometes con el símbolo o la cosa tangible, puede que no consigas lo que tu diálogo con el alma desea realmente: una experiencia más profunda y duradera que se prolongue más allá de cualquier cosa física o material.

Cuando nos comprometemos con una estrategia, un proyecto o un curso de acción sin la suficiente claridad sobre el resultado deseado (experiencia), seguro que surgirán desafíos y tendremos frustraciones. La mayoría de nosotros, incluyéndome, nos hemos comprometido, algunas veces, con algo que, por mucho que lo hayamos intentado, no ha funcionado como esperábamos. Muchas veces me he encontrado tercamente comprometido con el curso de acción que elegí en alguna bifurcación lejana del camino, incluso cuando era evidente que no funcionaba.

Sé que ha habido innumerables ocasiones en las que mi diálogo interno me ha convencido de que *esta vez, debería funcionar.* Y así, incluso ante la evidencia de lo contrario, he seguido luchando contra la corriente. Esto puede parecer cualquiera de las dos, bien sea perseverancia o locura. La perseverancia me llevaría a trabajar con diferentes estrategias, sin dejar de estar comprometido con el resultado. La locura o la terquedad me haría repetir lo mismo una y otra vez, en espera de un resultado diferente.

La experiencia de Edison con el foco de luz puede parecer contradictoria en relación con este mensaje sobre la diferencia entre la perseverancia y la locura. Sin embargo, su compromiso era con el resultado de diseñar, exitosamente, un foco que funcionara, no con un procedimiento en específico o con una combinación de gas y filamento.

La diferencia fundamental comienza por definir el resultado deseado y comprometerse con el mismo, más que empeñarse en un curso de acción o camino en particular. La claridad y el compromiso con el resultado nos permiten elegir una respuesta diferente ante la evidencia de que la vía utilizada no está funcionando. Es importante tomar en cuenta que *la forma como respondemos al problema ES el problema.*

Mitchell relata una maravillosa historia sobre el compromiso que sucedió mientras estaba en rehabilitación debido a su parálisis. Su terapeuta intentaba enseñarle muchas tareas, que su diálogo interno había etiquetado como *tareas imposibles.* Una de esas tareas imposibles era aprender a trasladarse de su silla de ruedas al sofá y viceversa. Pero cuando Beverly, su terapeuta, intentó enseñarle ese movimiento imposible y, a la vez, estúpido, su diálogo interno se resistía con fuerza, argumentando que por qué razón tenía que aprender a trasladarse a un sofá. Después de todo, ya tenía un lugar donde sentarse. Beverly le dio una buena razón.

Beverly le preguntó si le gustaría compartir un romance con una mujer algún día en el futuro. *Por supuesto,* respondió él. A continuación, ella le señaló que antes de acabar en la cama juntos, probablemente, empezarían por sentarse uno al lado del otro en un sofá. Lo que era imposible unos minutos antes, terminó convirtiéndose en un compromiso: en sus propias palabras, *en el sofá, fuera del sofá, en el sofá.* Los traslados hacia el sofá eran ahora una realidad que se posicionaba mucho más allá del alcance de su diálogo interno.

La clave aquí, una clave muy importante que Mitchell subraya, es una que, sin duda, habrás oído en el transcurso de tu vida: el 99% es un verdadero fastidio, el 100% es pan comido.

Puedes ver a Mitchell contar esta breve, encantadora y graciosa historia en su canal de YouTube.

Si nos comprometemos a crear los resultados que realmente deseamos en la vida, entonces, al igual que en la historia del viaje de las mil millas, no nos rendiremos cuando nuestro diálogo interno nos diga que ya hemos hecho suficiente. El compromiso al 100% que emana de nuestro verdadero ser, escuchado a través de la voz tenue de nuestro diálogo del alma, continuará animándonos a *seguir adelante*, dando tantos pasos como sean necesarios para completar el viaje.

¿Qué aparentas saber?

Al mirar hacia atrás y observas tus esfuerzos fallidos, puedes ser capaz de identificar situaciones de simulación. ¿Alguna vez has fingido tener una habilidad para responder ante un problema o situación que en realidad no poseías? Este tipo de fingimiento es tan común que se ha catalogado con diferentes nombres, dos de los cuales me vienen a la mente.

El síndrome o el fenómeno del impostor son términos psicológicos para describir a una persona que duda de sus capacidades o logros y que experimenta un miedo persistente e interiorizado a quedar expuesto como un *fraude*. El Principio de Peter es un término gerencial acuñado en 1969 y se refiere a la tendencia en las organizaciones jerárquicas a que las personas asciendan hasta su *nivel de incompetencia*, es decir, a que los empleados sean promovidos, en función de su éxito en trabajos anteriores, hasta alcanzar un nivel en el cual dejan de ser competentes. Para los que han sido ascendidos más allá de su nivel de competencia, el síndrome del impostor puede seguirles de cerca.

¿Has escuchado a tu diálogo interno recordándote que no eres tan hábil o competente como te gustaría creer que eres (fingir)? Si es así, tienes un par de opciones prácticas. Puedes tomar la crítica y pasársela a tu diálogo del alma para que la evalúe y te ofrezca otras opciones. Por ejemplo, tu diálogo interno puede criticarte por no poseer un nivel de habilidad, lo cual puede ser cierto. Sin embargo, en lugar de debilitarte ante la crítica interna, tu diálogo con el alma puede decirte algo así: *Cierto. No somos tan buenos en esa habilidad como nos gustaría. Ahora, esto es lo que podemos hacer al respecto.*

El síndrome del impostor y los problemas relacionados con él surgen al fingir que se sabe algo que aún no se ha comprobado. Cuando fingimos poseer una habilidad que no tenemos, tarde o temprano, esa actuación de falsedad se hace cada vez más evidente, hasta que la mentira nos alcanza y queda, totalmente, al descubierto.

Sin embargo, como ya exploramos en la sección titulada ¿Qué ves que aún no es visible? Del Capítulo 8, y como descubriremos en la siguiente sección sobre ¿Qué finges no saber? Quizá, aprecies un talento, una habilidad o una oportunidad que no sea evidente, pero que sea, no obstante, válida si decides aceptar la respons-habilidad para esa posibilidad y cumples con los pasos necesarios para hacer de esa oportunidad una realidad.

¿Qué finges no saber?

Fingir que no se sabe algo puede ser tan desafiante o peligroso como fingir que se sabe. Como ya señalamos en el Capítulo 7, *La Intención y el enfoque: La energía sigue al pensamiento*, la visión centrada en el alma puede ver más allá de lo que está físicamente presente y lo que está a punto de hacerse visible. La mayoría de nosotros hemos estado en ambos lados de esta ecuación en la que, de alguna manera, simplemente *lo sabíamos.*

A veces, podemos ver o intuir algo e ignorar lo que se nos muestra. Puede ser el caso de intuir que algo no va a funcionar y seguir adelante, de todos modos. Asimismo, podemos saber o intuir que algo va a funcionar y no hacer nada al respecto, ignorando la guía interior. En el primer caso, acabamos creando un *desastre* y, en el segundo, nos perdemos un *milagro* o una *bendición*.

¿Alguna vez lo supiste y lo echaste a perder?

Tal vez puedas recordar una ocasión en la que decidiste llevar a cabo algún plan de acción, mientras una parte de ti te advertía que desaceleraras, o que, simplemente, no procedieras. Es posible que conozcas bien esta situación: algo sale mal e, inmediatamente, recuerdas esa advertencia que recibiste: *¡Diablos! ¡Lo sabía!*

Es posible que hayas experimentado momentos en los que hiciste algo que funcionó bien, y, más tarde, te dijiste a ti mismo, o incluso a otra persona, ¡Simplemente sabía que iba a funcionar! ¡Y así fue!

Una tercera versión de esta situación también puede resultarte familiar. ¿Alguna vez has oído o te has fijado que algo acabó funcionando, quizá, para otra persona, pero lo dejaste así porque tu diálogo interno te seguía recordando alguna limitación?: *¡No seas ridículo!*, o *Es demasiado bueno para ser verdad,* o *¡Esto nunca podría funcionar!* De repente, llegó otra persona e hizo que funcionara.

Realmente, lo viste desde el principio, pero tu diálogo interno se interpuso en el camino para no dejarte actuar sobre lo que viste o percibiste interiormente. Una vez más, puede que te hayas lamentado y digas *¡Lo sabía!*, esta vez, con el *¡Diablos!* de nuevo.

Ahora bien, esto puede ser complicado: ¿la señal de advertencia emanó de tu diálogo interno negativo o de una intuición más profunda proveniente de tu diálogo con el alma? Es muy importante aprender a diferenciar un diálogo del otro, por lo cual dispones de algunos ejercicios en este libro, donde te invitamos a que hagas silencio, a manera de meditación si quieres, y así entablar una charla interior entre tu diálogo interno y tu verdadero ser.

Todos hemos vivido la experiencia de *haberlo sabido* de antemano, con un comportamiento de escepticismo ante lo que veíamos, permitiendo que permaneciera oculto justo por debajo del nivel de conciencia. Esto se aplica de ambas formas: saber algo que va a funcionar o saber algo que puede salir mal. Puede ser fácil ignorar lo que vemos o escuchamos dentro de nosotros, especialmente, cuando aún estamos en el proceso de aprender a notar nuestras señales internas más sutiles. Repito, la meditación y la consulta con tu verdadero ser pueden servirte y resultar extremadamente útiles para discernir la diferencia.

Confundido, obstinado y decidido: Antecedentes del aprendizaje

Es fácil llegar a confundirse sobre qué camino tomar. ¿Alguna vez te has encontrado en un debate con tu propio ser acerca de qué camino seguir? El desafío es común, es algo a lo que todos nos enfrentamos: una parte de nosotros quiere ir en una dirección mientras que la otra piensa de forma diferente y desea moverse hacia otro lugar.

Por muy dolorosa que sea la confusión, puede haber un significado oculto en ella. Cuando te encuentras confundido, puede que estés en un punto de aprendizaje. De acuerdo a mi experiencia, rara vez aprendo cuando estoy seguro. ¿Por qué? ¡Porque ya estoy *seguro*!

Sin embargo, cuando estoy confundido, inseguro y reducido al grito de dolor porque *simplemente no sé*, puede que esté a punto de aprender algo nuevo, o al menos, ¡nuevo para mí!

El diálogo interno puede buscar una forma de intervenir y bloquear el camino hacia un nuevo aprendizaje, con un discurso interior que va desde: E*sto no tiene remedio*, pasando por *A quién le importa,* hasta *Todo esto es una tontería.* Hay algo en ese diálogo interno que se complace en tener la razón, incluso cuando no sabe nada.

¿Tienes tendencia a ser obstinado? Yo sé que yo sí. Es posible que tu diálogo interno no esté de acuerdo, insistiendo en que es sólo determinación, pero tu diálogo con el alma puede recordarte, sutilmente, la diferencia entre ser determinado y ser simplemente obstinado.

La determinación es ese aspecto de quienes somos que puede ayudarnos a encontrar la manera de reajustar nuestras velas cuando los vientos cambian; la terquedad es aquella parte que insiste en continuar adelante a pesar de los elementos o de la realidad aparente que tenemos delante.

El término *confundir* permite comprender tanto su significado como su valor potencial. El diccionario Merriam-Webster vuelve a ser útil:

Confundir:

1: perturbar en la mente o en el propósito: DESORIENTAR
2a: tornar confuso: BORROSO
b: no diferenciarse de un objeto a menudo similar o relacionado con otro
c: mezclar indistintamente: ENTREMEZCLAR

La etimología de la palabra procede del anglo-francés confusiun, tomado del latín confūsiōn-, confūsiō *mezcla, combinación, desorden, consternación*, de confud-, raíz variante de confundere *verter juntos, mezclar, desordenar, destruir, desconcertar* + -tiōn-, -tiō, sufijo de acción verbal.

En términos sencillos, entonces, siempre que estemos confundidos, tenemos que preguntarnos qué pudimos haber mezclado, ya sea por nuestras propias acciones y pensamientos o por las ideas, pensamientos o creencias que, quizá, hayamos tomado de otra persona. Puede ser útil consultar las secciones sobre las creencias del capítulo diez para ver ejemplos de pensamientos, ideas o creencias contradictorias o confusas.

A veces, el camino que debemos seguir requerirá que retrocedamos un poco para desenredar la serie de creencias o información conflictiva que nos ha llevado a la difícil situación actual. Puede que tengamos que cuestionar nuestro diálogo interno (creencias), y preguntarnos qué pruebas tenemos para respaldar la creencia o la información conflictiva.

Puede que lo hayamos hecho bien en el pasado, pero ahora nos encontramos atascados en una serie de circunstancias que requieren la aplicación de enfoques nuevos o diferentes. Si lo que ya sabíamos fuera suficiente, ¡no estaríamos atascados! Quizá sea el momento de plantearse algo diferente, algo nuevo, o al menos, nuevo para nosotros. Cuando estamos confundidos, a menudo gana la voz más estridente. Sin embargo, más estridente no es necesariamente lo mismo que más sabio. ¿Qué voz escuchas con más frecuencia: la voz más suave y silenciosa de la sabiduría o la más ruidosa e impaciente? La voz de la sabiduría, la de tu diálogo con el alma, busca lo que realmente te va a sostener, mientras que la voz impaciente y ruidosa, la de tu diálogo interno, suele buscar lo que te proporcionará una sensación temporal de alivio o te satisfará un deseo inmediato. Por supuesto, la voz más fuerte nunca se manifiesta directamente y te dice que busca algo ilusorio o temporal.

Los doctores Ron y Mary Hulnick escriben sobre esta práctica en su libro *Loyalty to Your Soul (Lealtad a tu alma)*. En sus palabras, los doctores Hulnick llaman a la elección de la voz interior de la sabiduría un proceso de ver la vida a través de los *ojos del alma*. Las metáforas se entrelazan un poco aquí, pero, para mí, funcionan en el contexto bíblico de *el que tenga oídos, que oiga, y el que tenga ojos, que vea.*

Cuando busques una experiencia de vida aún más satisfactoria, pregúntate: ¿A quién escuchas cuando necesitas consejo? ¿Estás viviendo la vida a través de los ojos y los oídos de lo temporal y efímero, o estás mirando a través de los ojos del alma, de tu verdadero ser, escuchando lo que te dice tu diálogo con el alma?

CAPÍTULO 13

TU ZONA DE COMODIDAD Y LA CREACIÓN DE ALGO NUEVO

Justifica tus limitaciones y, por supuesto, te quedarás con ellas.

—Richard Bach

Sin duda has oído hablar de la zona de comodidad y, probablemente, te hayas encontrado con ella en distintos momentos de tu vida, veamos este punto: ¿Qué implica o sugiere la zona de comodidad? La mayoría de la gente compara la zona de comodidad con la idea de estar cómodo, lo que tiene sentido en la estructura superficial. Estar cómodo parece tan común como inspirar y exhalar. No conozco a nadie que busque la incomodidad. Sin embargo, eso no significa que no haya mucha gente que se haya adaptado a ella, y la califique como normal, o incluso cómoda. *No quiero cambiar. Estoy cómodo donde estoy, muchas gracias.*

Según mi experiencia, la gente se siente más cómoda cuando las cosas son más familiares, más conocidas. Es un poco como andar en piloto automático. Cuando las cosas nos resultan familiares, no tenemos que pensar demasiado, no tenemos que prestar mucha atención; podemos, simplemente, ir por la vida eligiendo nuestros comportamientos entre un conjunto de opciones, aparentemente, seguras y conocidas.

¿Lo son, realmente?, es decir, ¿son seguras, de verdad?

¿Conoces a alguien que se dedique a formas de recreación *inseguras*? ¿Qué hay de los escaladores? ¿Los paracaidistas? ¿Los que saltan desde un puente? La lista es muy larga.

La primera vez que alguien prueba una de estas formas de entretenimiento, es probable que se sienta un poco desconcertado, aterrado y, seguramente, incómodo. Sin embargo, con la suficiente práctica, la gente puede llegar a sentirse bastante cómoda con algo, esencialmente, incómodo, incluso peligroso. ¿Por qué? Porque una vez que nos familiarizamos con el proceso, conocemos nuestras opciones y cómo llevarlas a cabo; en otras palabras, podemos llegar a sentirnos cómodos haciendo algo físicamente incómodo, como escalar en hielo, una vez que nos hemos familiarizado con esa acción.

Algunos trabajos pueden ser físicamente incómodos, incluso hasta peligrosos; y, sin embargo, los que los realizan pueden sentirse muy cómodos realizando ese trabajo. Los bomberos, por ejemplo, se sienten cómodos realizando su trabajo en situaciones desafiantes, incómodas, rayando en lo peligrosas. ¿Por qué? Porque se han entrenado para el trabajo y los peligros que van a afrontar. Saben cómo comportarse ante el calor y el peligro extremo, y aunque la situación física puede estar lejos de ser *cómoda*, se sienten a gusto, a pesar de todo, pues están familiarizados con los desafíos y con las acciones que deben realizar.

Con la práctica, podemos desarrollar el tipo de comodidad que se deriva de la familiaridad para casi cualquier situación desafiante. Es lo familiar lo que produce esa sensación de sentirse cómodo o de comodidad.

¿Qué tal un acuatizaje?

Quizá recuerdes la historia de Chesley Burnett "Sully" Sullenberger, el piloto de USAir quien, en 2009, acuatizó su Airbus A320 sobre el río Hudson con 155 personas a bordo a pesar de haber perdido toda la potencia de sus motores tras chocar con una bandada de gansos. Sería, realmente, exagerado decir que Sully estaba *cómodo* en el sentido habitual de la palabra. Sin embargo, su familiaridad con la acción de volar y los procedimientos de emergencia le permitieron mantener la calma, incluso la *comodidad*, mientras llevaba el avión al río de forma segura.

Ningún entrenamiento que Sully había tomado incluía el acuatizaje de un avión, sin energía, en un río: al menos no un avión verdadero, en un vuelo verdadero, en peligro verdadero. Sin embargo, su formación realizada en los simuladores de vuelo le proporcionó suficiente experiencia para responder frente a escenarios de emergencia; así que, al presentarse la emergencia real, Sully estaba familiarizado con sus opciones.

Una forma de pensar acerca de este tipo de respuesta *heroica* es que su diálogo interno estaba tranquilo, gracias a la preparación que había obtenido en el simulador de vuelo. Tal vez su diálogo con el alma estaba allí para recordarle que estaba preparado aunque la situación fuera altamente estresante y lejos de ser cómoda.

Te podrías preguntar, ¿cómo este ejemplo se aplica a mi persona? Aunque, quizá, no tengas un simulador de vuelo físico para esos cambios que te gustaría experimentar en tu Rueda de la Vida, sí tienes algunas herramientas que pueden ayudarte. Y ya las utilizas, quizá no de la forma más útil, pero sí las utilizas.

Me refiero a lo que te permites pensar, en lo que enfocas tu mente. Ya nos hemos referido a esta idea en el Capítulo 7, en la sección *La neurociencia del enfoque*. Cuanto más contemplamos un pensamiento o un patrón de pensamientos, más familiares se convierten. Cuanto más familiares se vuelven, más cómodos nos sentimos.

Recuerda que *la energía sigue al pensamiento*. Si tu diálogo interno negativo se mantiene recordándote que tú nunca logras ahorrar dinero, perder peso o alcanzar lo que quieres, puedes encontrarte en un proceso de creación de una zona de comodidad muy limitante e incluso negativa. Esta idea puede parecerte extraña: ¿cómo puede una persona sentirse cómoda al mantenerse perdiendo todo el tiempo?

Todos los *ensayos* mentales de fracaso llevan a la creación de una zona de comodidad familiar con el fracaso. Puede que sepas cómo fracasar, perder, alcanzar a medias y, de todos modos, seguir adelante. Sin embargo, puede que no estés tan familiarizado con las ideas de ganar, tener éxito o mejorar. Si esto te resulta familiar, puede que te encuentres *intentando* mejorar sólo para que tu diálogo interno te recuerde: *Oye, ya hemos probado esto de los ejercicios antes, y nunca funciona. De hecho, lo único que conseguimos es cansarnos.*

Hay libros completos dedicados al miedo al fracaso, mientras que hay otros que sugieren que es el miedo al éxito lo que se interpone en el camino. El argumento general es algo así: *Teniendo en cuenta las veces que has fracasado en la vida, ¿cómo puedes tener miedo?* ¡Ya sabes cómo fracasar y sobrevivir! Sin embargo, el éxito es una cuestión diferente: ¿qué pasaría si tuvieras éxito? ¿La gente esperaría más de ti? ¿Esperarías tú más de ti mismo?

El diálogo interno negativo hace que el cerebro produzca cortisol, que es como una señal interna que nos informa que el peligro está cerca. Cuando te planteas salirte de los límites de tu zona de comodidad, el diálogo interno negativo desencadena más pensamientos negativos que, a su vez, ayudan al cerebro a liberar más cortisol; todo ello para salvarte de ti mismo, de otra dosis de peligro o fracaso.

¿Te has imaginado alguna vez emprender algo nuevo sólo para que tu diálogo interno negativo te advierta de que ni siquiera lo intentes? Cuando tu diálogo interno te recuerda los fracasos del pasado o te señala los posibles peligros, refuerza los patrones familiares de respuesta limitante. Esas repeticiones internas de resultados negativos establecen la zona de comodidad de forma aún más profunda, mientras que programan tu Sistema Reticular Activador para que esté atento a las trampas y los peligros. Y, por supuesto, con ese tipo de enfoque negativo, encontrarás muchas pruebas de posibles peligros y razones para no continuar.

Piensa en este proceso como si estuvieras utilizando tu simulador de vuelo interno sólo de manera negativa, practicando las fallas repetidamente. Si te estrellas y te quemas, continuamente, en tu imaginación, ¿por qué ibas a arriesgarte en la vida real, ya sea en algo nuevo o en algo ya conocido?

Sin embargo, puedes practicar con ese simulador de vuelo interno en forma positiva y solidaria. Al igual que Sully en el simulador de vuelos aéreos, cualquier cosa que imagines, repetidamente, es una forma de ensayo o práctica mental, que sirve para construir una plataforma para que una nueva acción llegue a ser *familiar.*

Practicar los tipos de afirmaciones y visualizaciones que hemos discutido antes permite que tu imaginación comience a trazar nuevos caminos en tu cerebro: esta acción se denomina neuroplasticidad. Esas nuevas vías pueden crear nuevas zonas de comodidad. Con la suficiente práctica, puedes desarrollar la voluntad y la confianza para adoptar nuevos comportamientos, que te llevarán a mejorar y a tener éxito en tu Rueda, lo cual no habías experimentado antes.

EJERCICIO

Crea Tu Propio Simulador De Vuelo Interno

Te presento, a continuación, un sencillo ejercicio que puedes realizar para ver qué ocurre. Requerirá un poco de tu concentración (recuerda que vamos al sitio donde nos enfocamos) y compromiso, pero si lo intentas, puedes experimentar algunos resultados significativos. (Esto se basa en la historia de *Mantener un enfoque positivo* de mi experiencia con Dinámicas de la Mente (Mind Dynamics) que compartí en el Capítulo 9).

1. Elije un área en la que te gustaría mejorar (utilicemos, como ejemplo, iniciar una rutina de ejercicios con regularidad).

2. Cada mañana *antes de salir de la cama,* utiliza dos minutos para imaginar (visualizar) cuán bien te sentirás al hacer ejercicios (aunque solo sea por un par de minutos; no necesitas verte en un circuito de dos horas de gimnasia; solo un pequeño paso para comenzar).

   a. ¿Qué podría decirte la gente a medida que notan tu compromiso con el ejercicio y cuán bien te sentirás con eso?

b. Obsérvate celebrando tu ejercicio y sintiéndote bien contigo mismo.

c. Imagínate diciéndote algo bueno sobre lo que hiciste.

3. Cada noche mientras estés en la cama justo *antes de quedarte dormido,* pasa dos minutos repitiendo el mismo proceso de visualización de la mañana. Imagínate cuán bien te sentirías al hacer ejercicio.

a. ¿Qué podría decirte la gente a medida que notan tu compromiso con el ejercicio y cuán bien te sentirás con eso?

b. Obsérvate celebrando tu ejercicio y sintiéndote bien contigo mismo.

c. Imagínate diciéndote algo bueno sobre lo que hiciste.

4. Si quieres un impulso extra, intenta hacer este mismo ejercicio mental durante el mediodía.

Añadir una afirmación positiva sencilla para repetírtela mientras practicas estas visualizaciones de dos minutos también puede resultarte útil. Puede ser muy efectiva una afirmación tan sencilla como: *Me encanta sentirme saludable y vital al hacer ejercicio cada día.* Y aquí encontramos el verdadero truco: *no hagas ejercicio a menos que REALMENTE te apetezca.* Este pequeño consejo es para recordarte que no estás poniendo otra capa de culpa sobre ti mismo: sólo haces ejercicio cuando sientes que realmente quieres hacerlo, *no porque debas hacerlo.*

Observa que todo lo que te pido aquí es que *practiques* sentirte bien dos veces al día en tu simulador de vuelo interno durante cuatro minutos (o tres veces al día por seis minutos en total, si lo haces una vez más).

Este proceso crea un nuevo tipo de confianza, es decir, la acción de amar la forma saludable en que te sientes al hacer ejercicio, que luego se traslada a sentirte más que bien al hacer ejercicio físico. Cuanto más practiques estos pequeños ejercicios de *simulador de vuelo* de dos minutos, más familiarizado o cómodo te sentirás con la noción de hacer ejercicio. A medida que repites las visualizaciones, puedes descubrir que te sientes incómodo si no te ejercitas. La sensación de familiaridad y comodidad que se construye con el tiempo a partir de estas pequeñas sesiones de práctica interna puede extenderse a tu patrón de vida y convertirse en tu *nueva normalidad*.

Puedes aplicar esta práctica de dos minutos para lograr cualquier cosa de tu Rueda, en cualquier área de tu vida. La sección de la siguiente página presenta un ejemplo de mi vida personal, un poco cursi, quizás, pero real.

CREAR UNA NUEVA REALIDAD

A principios de los años 80, David Allen y yo elaboramos un programa con el objetivo de ayudar a los participantes a alcanzar objetivos en la vida, material al que llamamos Seminario MAP (Managing Accelerated Productivity), por sus siglas en inglés que equivalen a Gestión de Productividad Acelerada. Hoy día, puede que conozcas ese programa como *GTD (Getting Things Done) u Organízate con Eficacia (equivalente en español)*.

Como parte del programa de formación, animamos a la gente a imaginar los cambios que querían experimentar en sus negocios.

Además de enseñarle a los participantes a visualizar un futuro mejor para que el Sistema Reticular Activador Ascendente pudiera comenzar a funcionar, también los animamos a crear afirmaciones para apoyar el cambio.

David me ayudó a aprender una nueva forma de hacer que las afirmaciones funcionen cuando me pidió crear una afirmación sobre el uso del hilo dental en mi higiene personal. Sé que esto puede parecerles un poco prosaico, como mínimo; sin embargo, me sirvió de lección. Puede que tú la encuentres también beneficiosa.

Mi dentista, de ese momento, tenía un cartel maravilloso en su consulta, algo con lo que tu diálogo interno puede relacionarse: *No es necesario que uses el hilo dental en todos tus dientes, úsalo solo en los que quieres conservar.* No sé tú, pero yo me sentía culpable porque *sabía que debía hacerlo* y, sin embargo, no me atrevía a usar el hilo dental todos los días como *yo sabía que debía hacerlo.*

David me sugirió una afirmación centrada en cómo me gustaría experimentar el uso del hilo dental (recuerda el trabajo anterior sobre los Símbolos frente a la Experiencia). Me imaginé cómo se sentiría y, entonces, se me ocurrió esta cursi afirmación: *Me encanta la sensación de salud en mi boca y mis encías al usar el hilo dental todos los días.*

"Un poco tonto", me dijo mi diálogo interno.

Sin embargo, David me dio este consejo, que seguí, diligentemente: *Nunca te limpies los dientes con hilo dental porque creas que debes hacerlo; solo hazlo cuando realmente sientas que quieres hacerlo.*

Pasó más o menos un mes, durante el cual repetí la afirmación varias veces al día (la tenía pegada en el espejo del baño para verla al menos dos veces al día). Un día, estaba dirigiendo un seminario en el Hotel Miramar de Santa Mónica, cuando llegamos a la parte del programa en la que abordamos el papel de la activación del Sistema Reticular Ascendente en la creación de resultados exitosos de objetivos y proyectos.

Cuando introduje la sección sobre las afirmaciones, di el ejemplo del uso del hilo dental en el que estaba trabajando en ese momento. Al presentarles la afirmación en voz alta por primera vez en esa clase, noté una sensación de incomodidad en mi boca. Repetí la afirmación y me sentí aún más incómodo. Sentía tal incomodidad en mi boca que era como si tuviera rocas entre mis dientes. Dando a todo el mundo unos minutos para empezar a escribir sus escenas y afirmaciones, me dirigí corriendo como loco hasta la tienda de regalos del hotel, donde pude comprar hilo dental. Mientras me limpiaba los dientes con el hilo dental, tuve la deliciosa experiencia que sentía de *amar la sensación de salud de mi boca y mis encías.*

Hasta el día de hoy, no sólo utilizo el hilo dental todos los días, sino que lo guardo en el cajón de mi escritorio, al lado de mi sillón de lectura, en la sala de estar, en mi maletín, en mi coche, en el baño y, probablemente, me esté olvidando de algunos lugares, porque *me encanta la sensación de salud que tienen mi boca y mis encías al utilizar el hilo dental todos los días.*

Es Hora de Completar: ¡Tus Después Ya Están Aquí!

La mayoría de nosotros tiene una colección de libros a medio leer, objetivos parcialmente cumplidos y experiencias de vida no tan buenas. Cuánto más incompletas están las cosas a tu alrededor, más nos arrastran al fondo y, con ello, bloquean nuestra capacidad de avanzar. Cuando nos decimos a nosotros mismos que vamos a hacer algo, hay una parte de nuestro cerebro que se aferra a ese compromiso, y nos sigue recordando que todavía hay algo pendiente por hacer. Este circuito abierto drena la energía y la concentración que podríamos utilizar para otras tareas. En cambio, cada vez que completamos algo, no importa que sea un compromiso sencillo, liberamos energía mental que podemos utilizar para crear más de lo que realmente preferimos en la vida. (Puedes leer más sobre esta idea en Google, bajo el concepto el Efecto Zeigarnik).

Uno de los principales obstáculos para la consecución de objetivos se centra en el tiempo y el cuándo pondremos en práctica las medidas necesarias para lograr los cambios que realmente deseamos. Una de las desventajas de la zona de comodidad y del poder de lo familiar es que, con el tiempo, aprendemos que podemos fingir avanzar en eso que queremos cambiar, en algún momento en el futuro, quizá más adelante.

Mientras David y yo desarrollábamos el seminario MAP, aprendimos mucho de Dean Acheson, un gran mentor que comparte nombre con el Secretario de Estado del Presidente Truman. Nos enseñó algunos principios clave sobre la creación de enfoque y claridad. Uno de esos principios giraba en torno a dos aspectos: el primero se refería a las próximas acciones o los micropasos que nos hacen avanzar, y, el segundo, a la idea de que no tenemos que actuar con cada pensamiento que tengamos en el momento, pero puede ser de utilidad darle seguimiento más adelante, algo a lo que Dean llamaba "*Algún día*".

Creamos así, la frase *Algún día, tal vez* como una forma de ayudar a las personas a distinguir entre las acciones con las que se habían comprometido completar y aquellas *buenas ideas* que podrían considerar llevar a cabo otro día, *Algún día*. Le sugerimos a la gente de los seminarios que creara una lista de acciones para *Algún día, tal vez,* es decir, para las acciones que *podrían* llevar a cabo algún día, en el futuro, pero que no se comprometían a poner en práctica en ese momento.

Las listas de *Algún día, tal vez* ayudan a llevar un registro de esas buenas ideas sin añadir la carga de un compromiso implícito: ¿Lo dije en serio? Si es así, ¿por qué no estoy haciendo algo al resp*ecto, AHORA?* El compromiso sin la acción a menudo nos conduce a la culpa y acaba erosionando la confianza en nosotros mismos: *Seguro que voy a seguir adelante con esta idea, al igual que con todas las otras buenas ideas que dije que completaría 'después'.*

Sin embargo, para algunos de nosotros, *Algún día, tal vez* puede estar peligrosamente cerca de *Lo haré luego, DESPUÉS.* La distinción, que puede parecer minúscula, se centra en la noción de que puedo querer avanzar en un área y seguir diciéndome que lo haré *después,* una especie de compromiso diferido. *Algún día, tal vez,* simplemente, indica *quizá* sin el compromiso que implica ese *después.*

Cuando nuestro diálogo interno duda sobre avanzar por un sinnúmero de razones (las dudas, la zona de comodidad, las intenciones conflictivas o, sencillamente, la creencia de que algo puede salir mal), ese *después* parece una salida segura. Nuestro diálogo interno puede seguir repitiéndonos que lo haremos *después, fingiendo* que nos pondremos en marcha cuando estemos listos, *MÁS TARDE.*

El problema con ese *después* es que puede parecer que nunca llega, o como mi maestro espiritual solía repetir: *Estás en tus 'después' en este momento.*

(Si quieres profundizar sobre el tema de 'completar o llevar a término algo' y el poder de 'las acciones siguientes a realizar', puede que te interese el libro de David Allen, *Organízate con Eficacia.* El título original del libro en inglés es *Getting Things Done: The Art of Stress-Free Productivity).*

Tu Bien Aparentemente Imposible: Creando Tu Escena Ideal

La vida puede ser impulsada por los objetivos con la misma seguridad que puede ser movida por los impulsos.

—VÍCTOR FRANKL: *EL HOMBRE EN BUSCA DE SENTIDO*

Ahora que sabemos que *solo hay una energía,* que la *energía sigue al pensamiento,* y que *el universo premia la acción, no el pensamiento,* vamos a centrar nuestra atención en el uso de esa energía para producir grandes resultados, para crear la vida de tus sueños.

Mi esposa, la Dra. Inez Bishop, ayuda a la gente a crear *Escenas Ideales,* una forma de pensar y dar energía a una situación o área de vida que les gustaría crear o experimentar. En sus talleres, Inez normalmente les pide a los participantes que creen dos frases que les funcionen como notas de precaución. La primera frase es un poco protectora: *Esto o algo mejor sucederá para el bien más elevado de todos los involucrados*. Es una forma de hacerle saber al universo y a nuestras fuentes internas de energía que solo queremos que la escena ideal se haga realidad si está alineada con nuestro bien más elevado. Esta sencilla frase actúa como un conjunto de barandillas para protegerte de haber querido algo, conseguirlo y, luego, cuestionarte sobre el por qué lo querías en primer lugar. De una manera muy real, pero sutil, *esto o algo mejor sucederá para el bien más elevado de todos los involucrados* es una afirmación que viene directamente del verdadero ser.

La segunda frase, *Mi bien aparentemente imposible está sucediendo ahora*, es igualmente importante. Esta frase nos recuerda internamente que las posibilidades existen más allá de cualquier cosa que hayamos experimentado hasta el momento. Si mezclas cómo funciona el Sistema Reticular Activador Ascendente junto con la idea de *la energía sigue al pensamiento*, puedes hacerte una idea de cómo funciona lo que te estoy explicando.

Juntas, ambas frases se convierten en afirmaciones de lo que aspiramos crear, y ayudan a la alineación de las energías de nuestro diálogo interno y nuestro diálogo con el alma para obtener el resultado deseado. También es importante tener en cuenta que *mi bien aparentemente imposible está sucediendo ahora* se enmarca en el presente. No se trata de un sueño que se desea obtener en el futuro, que nunca parece llegar. Si dijéramos: *Mi bien, aparentemente, imposible ocurrirá pronto,* o cualquier otra afirmación enfocada en el futuro, *pronto* nunca parece llegar. *Pronto* siempre está a un día de distancia.

Al enmarcar tu Escena Ideal en el presente, puedes descubrir que tus diálogos, interno y del alma, comienzan a alinearse a medida que el Sistema Reticular Activador encuentra las evidencias de las opciones disponibles *en el momento (ahora)* que te pueden ayudar a moverte en la dirección deseada. Al dar esos micropasos *ahora*, el objeto de tu enfoque comienza a tomar forma, *ahora*.

Cuanto más revises tus Escenas Ideales, más probabilidades tendrás de descubrir el camino y puedas dar los pasos necesarios para crear esas escenas. Si tienes en cuenta los micropasos y el viaje de las mil millas, no es necesario que efectúes pasos gigantescos, ni siquiera el siguiente paso *correcto*, para conseguir un *bien aparentemente imposible*. Al igual que cuando conduces un coche o montas bicicleta, es mucho más fácil hacerlo una vez que el proceso está en marcha.

Uno de esos micropasos podría ser la práctica, ya descrita, de las visualizaciones matutinas y vespertinas en tu simulador de vuelo interno.

Si estás interesado en experimentar este tipo de trabajo de la *Escena Ideal*, Inez no cobra por estas sesiones, sino que lo hace como un servicio, una forma de retribución a la humanidad. Si quieres organizar una sesión de la *Escena Ideal* con ella, visita mi página web (www.russellbishop.com) y utiliza el formulario de contacto para comunicarme tu interés. Te ayudaré a que estas sesiones se hagan realidad para ti. Sin embargo, quiero mencionarte que Inez no habla español, por ello si tú no hablas inglés, busca ayuda de alguien que te apoye con el idioma.

CAPÍTULO 14

SOBREPASANDO TU PROPIA RESISTENCIA

Lo que resistes, persiste

—Carl Jung

Podrás recordar que en el Capítulo 3, *Aceptación*, dije que es, prácticamente, imposible progresar o cambiar sin primero reconocer y aceptar la realidad de la situación que te sucede. Sin embargo, nuestro diálogo interno puede generar diversas formas de resistencia. Esta resistencia puede ser obvia cuando se manifiesta como terquedad. Algunas de las versiones más conocidas de la resistencia obstinada son: *No, yo no voy a...* o *No, tú no puedes obligarme a...* o el reconocido y siempre popular: *No me confundas con los hechos, yo estoy decidido.*

Por lo general, la terquedad nace o surge del miedo a que nos demuestren que estamos equivocados en algo. Mientras más energía invertimos en *demostrar* o insistir en que nuestra solución es la correcta en contraste con las otras opciones que son, simplemente, erróneas, más probable será que nos resistamos a los enfoques alternativos.

La resistencia puede ser una forma de negación cuando no entendemos algo o no somos capaces de encontrar el camino para avanzar. Quizá estés familiarizado con una forma muy común de negación de nuestro diálogo interno: *Esto no puede estar pasando.* Por supuesto, la mayoría de las veces, cuando el diálogo interno aparece, ya hemos reconocido la situación, y la expresión de *esto no puede estar pasando* es simplemente una forma de aceptación negativa. El diálogo interno puede añadir comentarios más coloridos, quizá en la línea de: ¿No lo sabías? Siempre me pasan cosas *feas o cosas malas*. O *¿Cómo pueden ellos (eso/esto) hacerlo?* En determinadas circunstancias, esta forma más sencilla de resistencia se convierte en una aceptación a regañadientes. ¿Te ha pasado algo parecido? Apuesto a que algo similar al escenario que te presento te resulta familiar: uno de los neumáticos de tu auto se pincha, y tu diálogo interno comienza a decirte: *Esto no puede estar pasando; ¡Esto no es verdad!*; todos son pensamientos internos seguidos de un sinfín de murmullos, maldiciones u otras expresiones negativas dirigidas a ti mismo (*Deberías haber sabido que esto iba a pasar tarde o temprano*) o a otra persona *(¿Quién pavimentó esta carretera? Los fabricantes de estos neumáticos son unos irresponsables*, etc.).

Los insultos y malas palabras contra el neumático dañado o los insultos contra quién tiene la culpa son ejemplos de lo que yo llamo negatividad añadida a una situación ya negativa en sí. Además de añadir negatividad a la situación, la aceptación bajo constantes quejas también puede dar lugar a la resignación, una forma de aceptación negativa que lleva a lo que antes he descrito como *conformarse con menos*. Es una forma de rendición porque: *Bueno, ¿de qué sirve? Estoy preso en esto. No hay nada que yo pueda hacer.*

Es muy comprensible describir el problema del neumático como una situación negativa. Sin embargo, al igual que en el caso de Mitchell, una vez que pasamos el punto de las causas para el pinchazo del neumático, las quemaduras graves, la parálisis, etc., no hay mucho más que obtener al maldecir la situación, lamentar nuestra mala suerte o culpar al universo. La aceptación obligada, el enfoque negativo y el diálogo interno negativo no ayudarán a cambiar el neumático, ni a sanar o aprender nuevas formas de movernos más rápidamente. Por el contrario, es muy posible que estas conductas te retrasen o incluso impidan tu recuperación.

El Dolor es el Precio Que Pagas por Tu Resistencia a la Vida

Es posible que hayas oído la idea de Carl Jung: *Lo que resistes, persiste.* Mientras estés ocupado peleando contra el pinchazo, la lesión o cualquier problema que sea, la condición sigue allí, persiste y disminuye la probabilidad de que encuentres algo útil para ayudarte a solucionar la situación. Por el contrario, ésta puede incluso empeorar. Si estás ocupado maldiciendo el pinchazo, puedes acabar con los nudillos raspados al intentar cambiar el neumático (cosa que yo he hecho). La situación ya es lo suficientemente negativa como para tener que añadirle aún más negatividad.

O, como me gusta decir, *el dolor es el precio que pago por resistirme a la vida.* El dolor puede ser físico (nudillos raspados), emocional o mental. O ¡incluso las tres cosas!

El estrés es una respuesta de dolor mental y emocional que se presenta físicamente cuando mi mente (diálogo interno) sigue diciéndome que algo no es justo o correcto o que debería ser diferente. Cuando insisto en mantener cualquier tipo de pensamiento negativo, es probable que mis emociones aumenten para coincidir con el pensamiento: recuerda que *la energía sigue al pensamiento.* Por ello, puedo terminar con un malestar estomacal, un dolor de cabeza, una presión arterial alta, o una docena de otras manifestaciones causadas por el *estrés.*

Los Juicios

El juicio es una forma común de resistencia que la mayoría de los seres humanos conocemos muy bien; un rasgo humano que se disfraza de justicia propia. Nuestro diálogo interno parece predispuesto a creer que tiene razón.

¿Has sufrido un pinchazo de neumático, una lesión de algún tipo o, simplemente, te ha disgustado la forma en que otra persona vive su vida? Si es así, en lugar de, simplemente, reconocer y aceptar lo que es, tu diálogo interno puede haber saltado a la palestra, no sólo culpando a otra persona por la situación que está ocurriendo, (lo que incluso podría ser cierto en el caso de la furgoneta de la lavandería que chocó con Mitchell), sino al añadir negatividad a la situación en forma de dolor mental/emocional al juzgar a la persona o al aconteciento como intrínsecamente malo, incorrecto o, quizá, deficiente.

Uno de los problemas con los juicios es que cuando juzgamos parece que estamos aplacando una parte de la situación, una sensación de tranquilidad mal aplicada, como si el acto de juzgar mejorara o hiciera más agradable la situación que está ocurriendo. Por supuesto, si queremos salir de la situación negativa, juzgar no ayudará, solo prolongará el *sufrimiento* hasta que, finalmente, decidamos hacer algo al respecto. De nuevo, mencionando los ejemplos conocidos, como nos hace recordar Mitchell, al final del día, *no es lo que nos ocurre, sino lo que elegimos hacer acerca de ello.*

Mi diálogo interno, a menudo, reacciona ante situaciones que no me gustan, por lo que me enfado, me disgusto, me agito, como si eso pudiera hacer la diferencia y lograr cambiar las cosas. No es de extrañar que el enfado, el juicio y la culpa rara vez produzcan un cambio para mejor. En mi experiencia, el juicio suele hacer que el cambio o la calma que se desea sean mucho más difíciles de conseguir y, a menudo, añade más negatividad (estrés) a la experiencia.

¿Te Estás Tomando Tu Propio Veneno?

¿Alguna vez te has molestado con otra persona o con lo que hizo, que no sólo juzgaste lo que hizo, sino que también guardaste resentimiento hacia ella? ¿Has sentido alguna vez ese resentimiento incluso cuando la persona que lo originó no estaba presente? Si es así, quizá, puedas reconocer un aspecto siniestro del juicio: el resentimiento suele acompañar al juicio.

Esta cita que menciono a continuación, y que se les atribuye a muchas personas, desde San Agustín y Nelson Mandela, hasta la actriz Carrie Fisher, parece subrayar el reto que aquí se plantea: *El resentimiento es como tomar un veneno y esperar a que la otra persona muera.* Una metáfora algo diferente también funciona: *El resentimiento es como tomar en tus manos un carbón encendido para lanzárselo a otra persona sin darte cuenta de que es tu mano la que se quema.* Es como si nuestro diálogo interno estuviera convencido de que estamos castigando a la otra persona al aferrarnos al resentimiento.

Incluso, si nuestro diálogo interno fuese *correcto* al juzgar lo que la otra persona hizo, podemos estar envenenándonos a nosotros mismos al pensar que de alguna manera estamos castigando a la otra persona al permanecer molestos.

La Fuerza Del Perdón: La Liberación

Si tú y tu diálogo interno se encuentran atrapados en pensamientos de juicio, resentimiento o culpa, hay una manera de avanzar: el Perdón.

La mayoría de la gente piensa que el perdón es algo que le ofrecemos a otra persona. Ese tipo de perdón puede ser maravilloso, incluso curativo. Nelson Mandela podría ser una de las representaciones más icónicas del poder del perdón. Tras décadas de estar encarcelado en Sudáfrica por el color de su piel, escribió y dijo, en repetidas ocasiones: *El perdón libera el alma, elimina el miedo. Por esa razón es un arma muy poderosa.*

Juzgar a otros también acarrea una carga oculta, lo cual es algo que tu diálogo con el alma sabe muy bien. Al juzgar a otros, olvidamos (nos dormimos ante el hecho) de que la otra persona también es un alma. Al juzgar a otro, inconscientemente, juzgamos su alma, lo Divino que hay en él. Al juzgar la Divinidad en otra persona, también nos separamos de la misma Divinidad y, por lo tanto, nos separamos de nuestra propia alma.

Abraham Lincoln lo afirmó de la siguiente manera: *No me gusta ese hombre. Debo conocerlo mejor.* También dijo: ¿No estoy destruyendo a mi enemigo *al hacerme su amigo?*

Si descubres que tu diálogo interno puede ser crítico (prejuicioso) de los demás, te apuesto a que también eres crítico (prejuicioso) de ti mismo. Así como cuando juzgas a otra persona te separas de reconocer y aceptar lo Divino que hay en él, al juzgarte a ti mismo te separas de reconocer lo Divino dentro de tu verdadero ser. Ese dolor que sentimos al juzgar o criticar es el dolor que experimentamos en nuestra propia separación.

Cuando experimentamos el dolor de la separación, es muy común añadir aún más dolor a la situación al acumular más juicios. Podría ser algo parecido a: ¡Caramba! *Esto es aún peor de lo que pensaba.* Cómo pueden ser tan (malos, estúpidos, desagradables, etc.). También está la versión personal de: ¿Qué me pasa? ¡Cómo he podido ser tan _____(¡rellena el espacio en blanco!). Y ahora tenemos, en espiral descendente, un diálogo interno que se refuerza a sí mismo. Cuanto más me recuerdo a mí mismo lo malo que es algo, más emociones negativas parecen surgir en mí: la negatividad genera más negatividad. En este caso, la energía negativa sigue al pensamiento negativo.

Cuanto más trabajes con el aspecto más silencioso de tu verdadero ser, más pronto descubrirás que en tu diálogo con el alma hay una inclinación natural hacia la compasión, la empatía y el perdón. Para algunos de nosotros, es más fácil ser compasivo, empático o magnánimo con los demás que ser compasivo con nosotros mismos y perdonarnos. Perdonarse a sí mismo por juzgarse es un proceso muy tierno pero poderoso que puede tener un enorme valor en la liberación del dolor de la separación.

Meditación para el Perdón

Si descubres que juzgas, ya sea un juicio dirigido a otra persona o a ti mismo, tómate un momento para calmarte y enfócate en tu respiración para comenzar la meditación. Mientras invitas a iniciar un diálogo con tu alma para estar más presente, puedes practicar una forma diferente de perdón: el auto perdón.

Puedes utilizar este ejercicio en cualquier lugar; te tomará pocos minutos. Sin embargo, la lectura de esta meditación es muy diferente a la práctica del ejercicio de meditación, muy parecido a la diferencia entre leer la etiqueta de un medicamento y tomarlo.

Una vez que te hayas relajado e invitado a tu verdadero ser a acercarse, trae a tu mente a la persona o la situación que estás juzgando o te ocasiona resentimiento. En primer lugar, permite que tu diálogo con el alma le diga a tu diálogo interno (o a ti mismo), estas palabras:

Me perdono por juzgar a (persona) por (lo que haya hecho).

Me perdono por juzgarme a mí mismo por sentir (sentimiento negativo).

Me perdono por olvidar que ellos son Divinos.

Me perdono por olvidar que soy Divino.

También puedes considerar utilizar esta meditación de perdón para cualquier situación o relación de tu vida que quieras mejorar. ¿Estás juzgando algo o a alguien en tu vida? ¿Tu trabajo o tu jefe? ¿Una relación personal clave? ¿Tu salud?

Practica esta meditación varias veces y, quizá, descubras un nuevo nivel de libertad en tu interior. Como mínimo, puedes descubrir que este proceso es el antídoto contra el veneno llamado resentimiento.

CAPÍTULO 15

LA FUERZA DE UN ENFOQUE POSITIVO

Escucha a tu Alma antes de darle crédito a tu mente.

—John-Roger, DSS

l tiempo que te liberes de las ataduras negativas que surgen de la resistencia y las limitaciones creadas por tu diálogo interno, probablemente, podrás descubrir que necesitas que tu diálogo con el alma te ayude a mantener un enfoque más positivo a medida que avanzas en este proceso.

Muy raras veces, la guía o ayuda interna hace su entrada con rayos y truenos o en alguna otra forma dramática. Rara vez te proporciona una hoja de ruta o un mapa detallado. Por el contrario, tiende a revelarse en el silencio del diálogo con tu alma. Al practicar las meditaciones que presento en este libro o al utilizar la forma de meditación que prefieras para invitar a tu verdadero ser a presentarse ante ti, descubrirás que puedes desarrollar una capacidad, cada vez mayor, para ver lo que aún no es visible, para escuchar tu guía interior.

Al mantener un enfoque positivo, puedes empezar a contactar con un poder o una habilidad más profunda para crear la vida que quieres, en lugar de permanecer en la vida con la cual te has conformado. Sin embargo, hay una gran distancia entre soñar despierto con una vida mejor y hacer el trabajo necesario para convertir tus sueños en una realidad tangible.

Mis experiencias de vida me han permitido reconocer los retos que tenemos que enfrentar para mantener un enfoque positivo en la vida, ya sea por haberle hecho frente a una bancarrota en la familia mientras crecía, haber estado sin hogar durante un tiempo o haber perdido relaciones valiosas u oportunidades de negocios durante tiempos económicos difíciles. A lo largo del camino, he aprendido, simplemente, que mantener un enfoque positivo es una clave valiosa para superar la adversidad. Sin embargo, simple no es lo mismo que fácil.

El Pensamiento Positivo Por Sí Solo No Funciona

Como ya dijimos en el Capítulo 7, el pensamiento positivo por sí solo no funciona; necesitamos una acción positiva para producir un resultado positivo. Al reconocer lo que está presente, pasar a la aceptación y dejar de lado la resistencia, la negación o el juicio, podemos descubrir las elecciones positivas que pueden ayudarnos a producir los cambios que queremos experimentar.

En ningún momento, Mitchell pretendió que estar gravemente quemado y paralizado fuera algo maravilloso. Sin embargo, pasó de la aceptación a un enfoque positivo sobre lo que él podía hacer con sus circunstancias.

Por supuesto, no es necesario que te enfrentes a algo tan grave como la parálisis para que estas lecciones se apliquen. Puedes estar haciendo las cosas bien en tu vida y, todavía, estar abierto a que las cosas marchen aún mejor. Tu vida puede ir bien y, a la vez, tener un margen para mejorar.

Si quieres que las circunstancias cambien para llegar a mejores opciones, puedes preguntarte cuándo quieres empezar a trabajar sobre ese cambio. Muy a menudo escucho a la gente decir que trabajará sobre ese tema *después*. Si esta idea te resulta familiar, recuerda que tus *después* ya están aquí. No dejes que tu diálogo interno te diga que harás algo diferente *más tarde,* sin un compromiso para cumplir con tu trabajo. Si no estás seguro, siempre puedes utilizar tu lista de *Algún día, Tal vez* para hacer un seguimiento y poder tomar una elección, en cualquier sentido, más adelante.

Todo Está Relacionado con los Micropasos

A medida que mantengas el enfoque positivo en tu vida, verás que solo se te ocurren un par de micropasos al inicio, y, por supuesto, esos micropasos no te llevarán de cero a héroe en un salto repentino. Los micropasos solo te ponen en movimiento, y es mucho más fácil buscar una dirección una vez que estás en movimiento. Comenzar con un enfoque positivo en una experiencia de vida mejorada puede llevarte a esos primeros micropasos tan importantes.

Cuando empieces a moverte, recuerda darte reconocimiento por tu progreso, decirte que estás en el camino, que las cosas están en proceso de mejorar y que cambiarán poco a poco. A partir de ahí, nuestro Sistema Reticular Activador Ascendente empezará a filtrar más oportunidades, más opciones y más micropasos que puedes intentar llevar a cabo. Cuantas más oportunidades y elecciones percibas, más cambios ocurrirán en tu mentalidad negativa de *estoy mal y voy a peor*, a tu mentalidad positiva *de estoy bien y voy a mejor*. Cuantos más cambios internos ocurran, más encontrarás que tu diálogo interno y el diálogo con tu alma están más alineados. A medida que tomes decisiones en el mundo real que empiecen a crear diferencias reales, puede que incluso notes como tu diálogo interno se vuelve más positivo.

EJERCICIO

Creando Cambios Positivos o Progresos

En este ejercicio, pueda que quieras tomar, nuevamente, tu Rueda de la Vida. Esta vez elige un área en la que te gustaría experimentar cambios positivos en los próximos meses.

Mientras te concentras en esa área, sigue estos sencillos pasos, y observa lo que ocurre en tu interior.

1. Identifica un área que quieras cambiar o mejorar.

2. Cierra tus ojos por unos momentos y, simplemente, imagina cómo experimentarías tu vida en el área escogida para mejorar.

    a. Imagina que te sientes mejor y mejor en esa área; te sientes mejor y mejor sobre ti mismo; disfrutas de la experiencia total de tu vida. ¿Qué sentimientos imaginas que sientes?

    b. Imagina que puedes ver los cambios específicos y cómo te verás cuando estos cambios se hayan efectuado. Si los demás vieran o notaran estos cambios, ¿qué podrían ver a medida que tú progresas o avanzas en los cambios? ¿Cómo imaginas sus rostros?

    c. Imagina que puedes oír como estos cambios se realizan. ¿Cómo escuchas el cambio de tu diálogo interno? ¿Qué dicen las otras personas acerca de las diferencias positivas que notan o experimentan en ti?

3. A medida que la visualización se hace más clara, crea una corta afirmación positiva de los cambios como si los cambios ya hubieran ocurrido. A continuación, te comparto algunos pensamientos para ayudarte a seguir.

    a. Amo lo saludable que me siento, vibrante y energético al cuidar mi cuerpo, mi salud y mi bienestar.

    b. Me divierto y disfruto muchísimo cuando yo
    _____.

c. Experimento gracia y me siento aliviado cuando yo
_____.

d. Cada día y de diferentes maneras, me siento mejor, mejor y mejor.

e. Percibo un gran ingreso económico haciendo lo que me hace sentir bien.

f. Tengo el trabajo perfecto con la paga perfecta.

g. Aprecio quien soy y todas las bendiciones que me rodean.

4. Practica la visualización y la afirmación por dos o tres minutos cada mañana al despertar, y, luego, por dos o tres minutos cuando estés en la cama justo antes de dormir.

a. Siéntete libre de repetir las visualizaciones y las afirmaciones durante el día si te place.

b. Escribe tu afirmación y colócala donde puedas verla durante el día, quizá en el espejo de tu baño o en una tarjeta de presentación que puedas colocar en tu cartera o con tus llaves.

c. Recuerda *nunca* hagas algo hasta que te sientas *realmente* en libertad de moverte hacia ello.

¿Transformar o Trascender?

No podrás tener una transformación física hasta que tengas una transformación espiritual.

—CORY BOOKER

Tradicionalmente, el proceso de cambio personal se ha llamado *transformación*. En muchos sentidos, este libro en su totalidad trata de transformar tu vida. Según mi experiencia, *Llegar a ser más de lo que realmente eres* implica una transformación, así como también nos exige dar un paso más allá de la transformación.

Como he aprendido, a lo largo de mi experiencia, la *transformación* puede ser el primer cambio importante en el camino hacia algo aún más significativo. Cuando este cambio tiene lugar, puede parecerte que se han abierto mundos completamente nuevos. Si profundizas un poco más, puede que descubras, como yo lo he hecho, que hay varias distinciones sutiles en el proceso de transformación que pueden perderse en tu diálogo interno, pero que son muy apreciadas por tu verdadero ser. Mantente en este punto conmigo, y observa lo que observas.

La *TRANSFORMACIÓN* significa crear *un cambio en forma o apariencia*, lo que implica un *cambio mayor en la forma, la naturaleza o la función*. Al trabajar con miles de personas en todo el mundo, he observado que algunas personas se conforman con cambios menores, esperando obtener una gran transformación. Es muy posible que existan algunas áreas de la vida donde un simple cambio sea suficiente, incluso significativo.

Sin embargo, hay una limitación potencialmente oculta en el proceso de transformación. En cierto sentido, la transformación puede compararse con tener un Volkswagen y querer una actualización. Un cambio para mejorar podría consistir en comprar un kit de coche de lujo, digamos algo como un Ferrari, y poner la carrocería del coche de lujo que elegimos sobre el chasis y el motor del Volkswagen. El aspecto será diferente pero, internamente, sigue siendo un Volkswagen. ¡No hay nada de malo en los VW! Yo tuve uno y me encantaba. Sin embargo, si buscas un cambio hacia un Ferrari, y te conformas con algo que solo *parece ser* un Ferrari, puede que a la vuelta de la esquina te sientas desilusionado.

Podríamos utilizar otras metáforas, incluida una que quizá hayas escuchado antes: *Es como ponerle lápiz labial a un cerdo.* Esta metáfora, en español, equivale a: ¡*La mona aunque se vista de seda, mona se queda!* No hay nada de malo en los cerdos o los monos. El lápiz labial o los vestidos de seda no cambian nada. Si descubres que un cambio en la forma o la apariencia no te llevan a donde quieres, puede que estés buscando transmutar algo de tu experiencia de vida. *TRANSMUTACIÓN* implica *transformar algo en un elemento o FRECUENCIA superior, es decir, en algo mejor.* Aquí es donde tu diálogo con el alma se hace más evidente.

Mientras que tu diálogo interno hace que te centres en cambios del tipo VW a Ferrari, tu verdadero ser, probablemente, preferiría moverse hacia una frecuencia mayor, para transformar no solo la naturaleza física de una *cosa* (Símbolos frente a la Experiencia), sino también la experiencia cualitativa o energética que se encuentra en el camino. Si aplicamos la noción de que solo hay una energía, podría ser que el tipo de cambio que busca tu verdadero ser sea un cambio de frecuencia o energía más que un cambio en el lado simbólico de las cosas.

En última instancia, puedes descubrir que tu diálogo con el alma te está animando a *trascender* la situación actual por algo notablemente diferente y mejor. El diccionario de Merriam-Webster indica que *trascender algo* significa:

- *Elevarse por encima o ir más allá de los límites de algo.*

- *Triunfar sobre los aspectos negativos o restrictivos de algo.*

- *Estar... más allá y por encima del universo o de la existencia material.*

De hecho, puedes descubrir tu verdadero ser comunicándote un anhelo interno de vivir más allá de las limitaciones aparentes del mundo material, llamándote *a llevar una vida centrada en el alma*, al *Convertirte en más de quien realmente tú eres*. Y aquí tenemos, entonces, el no tan secreto escondite a plena vista: *Ya sabes a dónde quieres que vaya tu verdadero ser, lo que tu verdadero ser preferiría experimentar.* Todo lo que tienes que hacer es escuchar a su mensajero, escuchar el diálogo con tu alma. Como señalaron Rumi y San Francisco hace siglos, *llegar a ser más de lo que realmente eres* significa que ya eres aquello en lo que te quieres convertir.

A medida que avanzas en las distintas etapas y cambios de tu vida, puedes experimentar algo que te llama a una mayor profundidad y posibilidad, algo que va más allá de las situaciones o las relaciones con las que puedes haberte conformado durante el camino. Es posible que ya hayas experimentado esa llamada interior. No te sorprendas si ese *algo* es el diálogo con tu alma, tu verdadero ser, que te invita a avanzar.

Nada de lo que he escrito aquí pretende convencerte de algo, cambiar tus creencias o alterar tus objetivos de vida. Lo que aquí he compartido son experiencias de más de 50 años de trabajo sobre mí mismo, mientras ayudo a miles de personas a descubrir sus posibilidades hacia una vida satisfactoria y edificante.

Si te limitas a creer lo que he escrito sin utilizarlo, es decir, sin ponerlo o llevarlo a la práctica, no habrás captado el mensaje, lo que quise decir. Sin embargo, si usas algunos de estos ejercicios, alguna forma de acallar tu diálogo interno e invitar al diálogo con tu alma a tomar el liderazgo, puede que te sorprenda la sabiduría, la guía y el amor que surgen al abrir la puerta hacia una vida tan rica, satisfactoria y edificante que lo único que podrás hacer es vivir tu vida en gratitud.

CAPÍTULO 16

LA CONCLUSIÓN DE LA GRATITUD

Usa la gratitud como un manto,
y ella alimentará cada esquina de tu vida.

—Rumi

La gratitud podría ser una de las habilidades más importantes que podemos aprender y practicar a diario. En última instancia, la forma como experimentamos la vida se reduce a una elección, fundamentalmente, simple, es decir, decidir dónde elegimos enfocarnos. En mi experiencia, la gratitud o el agradecimiento es la elección más poderosa, duradera y edificante que podemos hacer.

Mi vida ha estado y está llena de miles de bendiciones, tanto sencillas como poderosas; son tantas que a menudo las pierdo de vista en las complejidades aparentes de mi día a día. Cuanto más aprendo a desarrollar una actitud de gratitud, más descubro que, independientemente de lo que me haya sucedido a lo largo de los años,—incluidos los tiempos difíciles en los que vivía en mi coche con solo seis dólares—quien realmente soy siempre ha estado bien; no necesariamente el *yo* de mi personalidad, mi ego o mi discurso, sino los aspectos más profundos de lo que realmente soy, mi verdadero ser. Solo en retrospectiva me ha quedado claro que, independientemente de los cambios en las circunstancias o las situaciones a lo largo del tiempo, quien realmente soy siempre ha estado bien: ni mejor en unas condiciones, ni peor en otras.

Mi verdadero ser, mi alma, siempre está bien. Siempre lo ha estado: en estos momentos lo está y siempre lo estará. He aprendido que todo lo que necesito para experimentar que todo está bien es estar alerta y consciente de dónde pongo mi atención. Me gusta recordar que *la paz está presente; la única pregunta es si yo estoy presente con la paz*. Incluso en situaciones difíciles, cuando me digo a mí mismo que debo mirar hacia dentro, más allá de mi diálogo interno, descubro que mi verdadero ser permanece completamente bien.

Cuando permitimos que nuestro diálogo interno negativo tome la delantera con sus letanías de críticas, notas de advertencias y perspectivas del vaso medio vacío, tenemos la garantía de descubrir las evidencias de nuestro enfoque negativo. Como vimos en el capítulo 7, el Sistema Reticular Activador encontrará pruebas para apoyar nuestro enfoque, no importa cuál sea. Si, en cambio, permitimos que nuestro verdadero ser nos guíe, nuestro diálogo con el alma nos llevará a experiencias positivas y edificantes, incluso frente a circunstancias, aparentemente, negativas. Como Mitchell nos dice: *Antes de estar paralizado había 10.000 cosas que podía hacer. Ahora hay 9.000. Puedo detenerme en las 1.000 que he perdido o centrarme en las 9.000 que aún me quedan.*

Nadie le habría reprochado que se lamentara de su situación de salud y, sin embargo, optó por convertir lo aparentemente negativo en algo positivo, no crear un conjunto de circunstancias positivas, sino crear experiencias de vida positivas. Su decisión de centrarse en las nueve mil cosas o actividades que le quedaban es un ejemplo perfecto de actitud de gratitud o agradecimiento. Cuanto más se centraba Mitchell en lo que tenía, más habilidades descubría para construir una vida positiva y satisfactoria.

La Ciencia de la Gratitud

El Centro de Ciencias para el Bien Común, cuyo nombre en inglés es *Greater Good Science Center*, de la Universidad de Berkeley, ha descubierto que desarrollar una actitud de gratitud o agradecimiento puede producir cambios neurológicos duraderos que influyen en nuestra forma de aprender y decidir. Otros beneficios positivos de la expresión de la gratitud o del agradecimiento son el mejoramiento de los estados de salud emocional y mental. En el nivel más sencillo, las personas que deciden centrarse en la gratitud tienden a ser más felices. (Si estás más interesado puedes leer más sobre esta investigación en Internet).

La investigación sobre el tema realizada en el Instituto HeartMath en Boulder Creek, California, muestra que la práctica de la gratitud o del agradecimiento produce cambios positivos en la variabilidad cardíaca (coherencia cardíaca), así como también disminuye los niveles de estrés. En un artículo publicado en la Biblioteca Nacional de Medicina de los Institutos Nacionales de Salud, los investigadores del Instituto HeartMath reportan que una simple práctica de aprecio y gratitud puede conducir a una reducción de los niveles de cortisol y un aumento correspondiente de las hormonas DHEA/DHEAS. (Si estás más interesado puedes leer el resumen en línea).

La práctica de la gratitud, aunque sea por unos minutos, comienza a restaurar el enfoque que nuestro Sistema Reticular Activador ha mantenido. Si permitimos que nuestro verdadero ser nos guíe, seremos capaces de crear una vida que sea buena y cada vez mejor. Si mantenemos en mente que *la energía sigue al pensamiento*, no necesitaremos de mayores esfuerzos para apreciar lo bueno que tenemos en nuestra vida, pues utilizaremos los mismos esfuerzos que usamos para enfocarnos en lo que no tenemos. Cuanto más nos centremos en la gratitud, más cosas y situaciones tendremos para agradecer.

La mayoría de nosotros tenemos dones y bendiciones en nuestras vidas que raras veces notamos. Mi deseo es que seas capaz de aplicar algo de lo que he escrito aquí que te permita no solo notar esos dones y bendiciones, sino también construir una vida con significado, plenitud y gran satisfacción a partir de ellos.

EJERCICIOS

Desarrolla Tu Gratitud

Si quieres experimentar la existencia de niveles más profundos de satisfacción en tu vida, podría ser tan sencillo como desarrollar un mayor aprecio por lo que ya tienes. Hay varias prácticas o ejercicios sencillos que puedes considerar aplicar en tu vida.

- *Diario de Gratitud o Agradecimiento:* Cada día, escribe algo por lo que estés agradecido. Esta práctica la puedes realizar al final del día. ¿Qué experiencia positiva tuviste hoy? No tiene que ser algo trascendental para ser relevante, puede ser algo tan simple como agradecer una comida, una sonrisa, el tiempo que pasaste con tu mascota, un amanecer o un atardecer. Al escribir notas sobre lo que agradeces, por pequeño que pueda ser, empezarás a programar tu Sistema Reticular Activador para que detecte más acontecimientos positivos. Esto, a su vez, puede llevarte a descubrir aquellas oportunidades que te permitirán experimentar un bien aún mayor en tu vida y que antes pasaban desapercibidas.

- *Carta de gratitud:* Trae a tu mente a alguien que te haya ayudado en algún momento de tu vida y escríbele una carta. Puede ser alguien de tu pasado o tu presente. ¿Qué aprecias de esa persona? ¿Por qué estás agradecido? Puedes elegir enviar esta carta o, como nos dicen los miembros de Bien Mayor (Greater Good), el beneficio se desarrolla dentro de ti, aunque no envíes la carta. El punto es que, si agradeces algo, por pequeño que sea, empezarás a programar tu Sistema Reticular Activador Ascendente para notar más hechos y situaciones positivas. A su vez, estos descubrimientos pueden llevarte a la revelación de oportunidades similares que antes pasaban desapercibidas y que te permitirán experimentar un bien aún mayor en tu vida.

- *Meditación de Gratitud*: Inicia la meditación siguiendo los pasos de la respiración que ya hemos estudiado. Cuando estés relajado, céntrate en tu corazón. Luego, trae a tu mente un momento donde te hayas sentido agradecido internamente, y haz lo posible por volver a experimentar ese sentimiento. Quizá, recuerdes un momento en el que visitaste un sitio especial o el sentimiento de amor por un amigo o tu mascota. Deja que esos sentimientos positivos de aprecio y gratitud se prolonguen, y observa cómo te sientes. Imagina que esos sentimientos positivos se extienden hasta el día siguiente y llenan ese mañana con la calidez de tu gratitud y aprecio. Al conocer cómo funciona el Sistema Reticular Activador, quizá, empieces a notar más oportunidades para agradecer a lo largo del día. El valor oculto de este ejercicio es que, independientemente, de cómo se desarrolle el día, ya habrás experimentado esos sentimientos positivos.

- *Afirmaciones de Gratitud*: Las afirmaciones pueden ayudarte a reprogramar tu enfoque a medida que avanza el día. Para crear estas afirmaciones de gratitud tienes que recordar que debes enfocarlas en lo positivo, su acción debe moverse hacia el resultado que quieres obtener y las palabras que uses tienen que enmarcarse en el tiempo presente. Las afirmaciones refuerzan los resultados que deseas obtener, y te ayudan a mantener tu proceso creativo enfocado.

Aquí te dejo un conjunto de afirmaciones que te ayudarán a empezar las tuyas. Por favor, siéntete libre de editarlas para personalizarlas y darles un significado justo para ti.

1. Experimento gratitud, gozo y paz cada día.

2. Estoy agradecido por quien yo soy.

3. Estoy agradecido por la vida que tengo.

4. Estoy agradecido por todas las bendiciones en mi vida.

5. Estoy agradecido por mi familia y mis amigos.

6. Estoy agradecido por tener cobijo y comida.

7. Estoy agradecido por la belleza de la naturaleza.

8. Estoy agradecido por las pequeñas cosas de la vida.

9. Estoy agradecido por estar vivo.

Más Gratitud y Reconocimientos

Por lo general, los reconocimientos van al inicio de un libro. Me siento obligado a concluir con un resumen de agradecimientos para aquellos que me han ayudado a crecer, desarrollarme y descubrir más de quien realmente soy. El riesgo es que, sin duda alguna, dejaré de lado a muchos que han contribuido a mi bienestar, algunos que, quizá, nunca he notado y otros que no vienen a mi mente ahora. Aquí comienzo:

• A mi amada esposa, Doctora Inez Bishop, quien me ama y apoya más allá de mis limitaciones, quien, realmente, percibe el bien y ve a Dios en todos

• A Ernie Gourdine, quien me apoyó en aquellos días difíciles en la Universidad de Davis, California, y me despertó a la fuente de mi fuerza interior detrás de mi aparente miedo y fragilidad.

- A Fritz Perls, por el don de la consciencia.

- A Albert Einstein, por demostrar la interconexión de todas las cosas al dar a conocer que la física, la metafísica y el espíritu son parte de la experiencia humana.

- A Carol Star, por presentarme a John-Roger.

- A mis hermanas, Janice y Sally Bishop, quienes han compartido esta historia de vida y han demostrado sus propias formas de compasión, resiliencia y amor.

- A mi madre, quien me ayudó a mantenerme enfocado en lo que es posible y contribuyó a que recibiera algunas lecciones profundas pero sencillas, sin dejar de lado el no menos importante *'No pudo' murió pobre porque no pudo.*

- A mi padre, quien demostró su habilidad para seguir haciendo lo mejor que podía sin importar las circunstancias.

- A John-Roger, quien me mostró la fuerza de los mundos interiores a través de la meditación y los ejercicios espirituales. Hay muchas otras lecciones que podría mencionar, incluso escribir un libro completo con solo esas lecciones, así que lo dejaré como el Guía que me mostró el camino al ayudarme a despertar a mi verdadero ser, a mi alma.

- A John R. O'Neil, quien me suministró años de guía paciente, apoyo y aliento sin nunca cruzar la línea para decirme que hacer.

- A David Allen, quien se asoció conmigo de muchas maneras: aprender, enseñar, compartir, crecer, amar, aceptar, comprender, perdonar... Bueno, la lista continúa.

- A John Morton, quien, de manera consistente, siempre dio un paso al frente al seguir la guía divina, y demostrar el valor de dar el siguiente paso, incluso cuando la escalera no es visible.

- A Frances Hesselbein, quien me despertó al poder de ver lo que aún no es visible.

- A Ben Cannon, quien me recordó que nada me sorprenderá si, simplemente, lo observo sin miedo a los juicios.

- A Tim y Jinny Ditzler, por sus muchos años de apoyo, ánimo, amor y recordatorios de que cada año puede ser el mejor año de mi vida.

- A Marshall Goldsmith, cuya pregunta sencilla, ¿cómo puedo ayudarte a tener una vida mejor?, me sirve como una luz de guía profunda para el servicio, la aceptación y el despertar.

- A Bruce Fetzer, por su valor para llevar adelante un legado de respuesta a la *Llamada del Espíritu.*

- A Bob Roth, por ayudar a innumerables personas a despertar al trascendental poder de la meditación.

- A Valerie Bishop, quien continúa amorosamente dándome ánimo y apoyo para hacer este trabajo posible.

- Al Doctor Marc Darrow, quien me aconsejó en momentos de lucha con mis dudas a través de estas palabras: *Tus dones no te fueron dados para que los pierdas en tus imperfecciones.*

- A Jsu García, quien, constantemente, demuestra un gran amor y coraje al compartir amor, luz, gracia y paz con miles de personas alrededor del mundo.

- A Eric Hoffer, quien me ayudó a aprender que nunca puedo tener suficiente de lo que realmente no quiero.

- A Leigh Taylor-Young, por su firme compromiso de compartir amor, gracia, paz y alegría con todos, en todas partes.

- A Arianna Huffington, por ayudar a llevar Insight al Reino Unido y por su inquebrantable compromiso con el despertar del planeta.

- A los hermanos Joe Hubbard, Michael Hubbard y David Raynr, por mostrarme el valor de los adolescentes que han despertado y llevar este trabajo aún más lejos en el mundo.

- A Pauli Sanderson, quien continúa sirviendo de maneras profundas al ayudar a miles de personas a despertar a la luz interior, y quien nunca busca ser la protagonista.

- A Candace y Stu Semigran, quienes sirven, firmemente, al gran despertar sin importar los obstáculos que se presenten.

- A Sam Westmacott, un ser encantador, quien ha sido un apoyo amoroso y un faro de luz para miles de personas en el Reino Unido.

- A Raz y Liza Ingrasci, por su compromiso de llevar el amor al mundo, y por el regalo del Proceso Hoffman que ha servido a tantos en el camino del despertar.

- A Ron y Mary Hulnick, quienes fueron pioneros en la psicología espiritual, la capacidad de ver a través de los ojos centrados en el alma y el compromiso con su visión de *Lealtad a tu Alma*.

- A Paul Kaye, Vincent Dupont y Mark Lurie, quienes han demostrado poseer un compromiso de vida al hacer disponibles las enseñanzas espirituales.

- A Leslie Boyer, Mary Ann Somerville, Peter Felsmann, Tom Boyer y todo el equipo de facilitadores de Insight.

- A Gary Krebs y su increíble equipo de editores, que tomaron lo que yo pensaba que era un borrador decente y lo mejoraron aún más.

- A Orlando Barrios y Peter Felsmann, por su perfecta y constante colaboración para alcanzar la realisación de esta traducción al español.

Y así pues, deseo que abran su corazón a todas estas bendiciones y las dejen fluir a través de ustedes. Que todos con quienes te encuentres en este día sean bendecidos por ti, solo por tus ojos, por tu sonrisa, por tu toque, solo por tu presencia. Deja que la gratitud se desborde en bendiciones a tu alrededor. Solo, entonces, será REALMENTE un buen día.

—HERMANO DAVID STEINDL- RAST

APÉNDICE: EJERCICIOS Y RECURSOS

RESPIRACIÓN DE CAJA TORÁCICA

Las prácticas de respiración pueden ser muy útiles en la preparación del entorno interior que nos permitirá realizar el trabajo más profundo que se necesita para escuchar y trabajar con tu verdadero ser, es decir, para escuchar el diálogo con el alma. Si ya aprendiste una práctica de respiración que te funciona, por favor, sigue con ella. Si no estás acostumbrado a trabajar con ejercicios respiratorios, puedes iniciar con la respiración de caja torácica, como buen punto de partida.

La respiración de caja torácica es una técnica sencilla que se puede realizar en cualquier lugar: tu mesa de trabajo, tu escritorio o tu cafetería favorita. Este tipo de respiración también se conoce como respiración cuadrada o respiración 4x4; esta técnica se enseña en todo tipo de entornos, por ejemplo, desde médicos especializados en la gestión del estrés hasta los militares de la marina norteamericana (Navy SEALS) o en clases de yoga. Esta respiración puede ayudarte a cambiar tu energía mental y corporal y, de esta manera, podrás conectar más profundamente con tu cuerpo, ya que te ayudará a disminuir el estrés e inducir un estado de calma o descanso. Quiero repetirte que puedes utilizar esta técnica en cualquier momento y en cualquier lugar.

Antes de iniciar con esta técnica de respiración, siéntate en una silla cómoda con la espalda apoyada al respaldo y los pies sobre el piso.

1. Cierra los ojos y respira a través de la nariz, mientras cuentas, lentamente, hasta cuatro. Nota el aire que entra a los pulmones.

2. Ahora, suavemente, mantén el aire dentro de tus pulmones, mientras cuentas, lentamente, hasta cuatro. Trata de no apretar tu boca o cerrar tu nariz. Simplemente, evita inhalar o exhalar por otro conteo de cuatro.

3. Luego, lenta y suavemente, exhala, mientras cuentas, de nuevo, hasta cuatro.

4. Al final del conteo de cuatro, haz una pausa, contando, nuevamente, hasta cuatro.

5. Repite los pasos del primero al cuarto, al menos por tres veces. Idealmente, repítelos por cuatro minutos o hasta que te sientas relajado o en calma.

Meditación: Trabajar con tu verdadero ser

Invita a tu verdadero ser a presentarse (si lo prefieres, puedes sustituirlo por tu maestro interior o tu alma).

- A algunas personas les resulta útil imaginar que están en un lugar tranquilo en la naturaleza, sin ser molestados por el mundo cotidiano. Otras prefieren centrarse en su corazón. No hay una forma incorrecta de hacerlo, tu tarea es encontrar tu propio espacio para sentirte relajado, seguro y a tu propio ritmo.

- Estar en este estado de quietud invita, conscientemente, a esa parte más profunda de ti, tu verdadero ser, a que se presente como si estuviera sentado o de pie frente a ti. Al principio, puede que no notes mucha diferencia, al menos no en tu cuerpo, tu mente o tus emociones. Puede que, simplemente, te sientas más tranquilo. Algunos notarán una presencia, y algunos incluso *verán* una forma más definida, tal vez puedas ver una imagen de ti mismo.

• A medida que empieces a sentir esa presencia interior, háblale del área con la que te gustaría trabajar, esa área de tu vida que te permitirá obtener, en estos momentos, una mayor claridad o un sentido de dirección.

• Comienza por revisar el área que te preocupa, y observa cualquier pensamiento que ya tengas sobre el tema. Literalmente, *háblale* a tu verdadero ser como si estuviera físicamente en la habitación contigo en ese preciso instante. Comunícale a tu verdadero ser lo que has estado pensando; incluye cualquier aspecto crítico y limitante que hayas tenido en tu diálogo interno. Pregúntale a tu verdadero ser o al diálogo con tu alma en lo que él preferiría enfocarse o concentrarse. Puede que quieras pedirle a tu verdadero ser que te recomiende una opción o una elección diferente que podrías considerar para llevar a cabo sobre lo que quieres de tu vida, en este momento.

• Date libertad para hacer que el encuentro se parezca más a una conversación con un amigo de confianza, que sea un intercambio más bien libre. Tu alma puede tener preguntas para ti, ideas para que consideres o sugerencias para nuevas opciones. A veces, tu verdadero ser será directo con sus consejos o preferencias. Rara vez el tono será duro; por el contrario, lo más probable es que sea cariñoso, protector y cuidadoso.

• Si oyes algo que no comprendes bien, asegúrate de pedir una aclaratoria.

• Repite lo que oyes para no olvidarlo; luego, imagina cómo se puede implementar; y pregunta si has oído correctamente.

- Una vez que tú y tu verdadero ser se sientan satisfechos, agradécele a tu verdadero ser por su apoyo y su guía, y regresa a tu proceso de respiración.

- Cuando hayas terminado el encuentro, y estés listo, abre los ojos lentamente y vuelve a centrarte en la habitación en la que te encuentras.

- Anota lo que has oído.

¿Qué quieres?

Para que las preguntas que te presento a continuación tengan un significado real, quizá, necesites revisarlas una y otra vez, es decir, responderlas varias veces, para permitir que surjan niveles de conciencia más profundos, al preguntar de manera más reflexiva cada vez ¿Y por qué eso me importaría?

- Puedes hacer estas preguntas como un proceso mental, o quizá, con más fuerza, como un enfoque para tu próxima meditación.

- También puedes considerar llevar un diario o un cuaderno de notas donde puedes escribir las múltiples respuestas que des a las preguntas planteadas y hacerle seguimiento para descubrir algún nuevo conocimiento interno que emerja.

- Revisar las notas, las respuestas y las percepciones que hayan surgido, puede conducirte, a menudo, a una conciencia más poderosa al descubrir conexiones que no habías percibido antes.

¿Qué quieres?
¿Qué experiencia esperas encontrar?
¿Qué diferencia supondría para ti?
¿Por qué es importante para ti?
¿Qué quieres?
¿Cómo podrías conseguirlo?

La rueda de la vida

La Rueda de la Vida es una forma de examinar, gráficamente, el nivel de satisfacción que experimentas en tu vida en diversas dimensiones.

- *Roles que desempeñas en la vida.* Los ejemplos en esta dimensión: cónyuge, padre, gerente, colega, miembro de un equipo, entrenador, líder de un equipo, amigo, miembro de la familia o sostén y proveedor de la familia.

- *Áreas de la vida importantes para ti.* Los ejemplos podrían incluir la expresión artística o creativa, la actitud positiva, el crecimiento personal, el crecimiento espiritual, la carrera o el trabajo, la educación, la familia, los amigos, la libertad financiera, el desafío físico, el placer o el servicio público.

- *Combinación de funciones y áreas importantes.* Siéntete libre de hacer esta dimensión muy personal; refleja en el análisis las prioridades o las áreas de interés.

Siéntete libre de cambiar el nombre de cualquiera de las dimensiones. Simplemente, me he tomado la libertad de proporcionar algunas de las áreas más comunes que encuentro en mi trabajo de coaching.

Para trabajar con la Rueda, observa cada dimensión como si el centro de la rueda representara el cero y el borde exterior de cada *radio* representara el 100, en términos de lo satisfecho que estás en cada área.

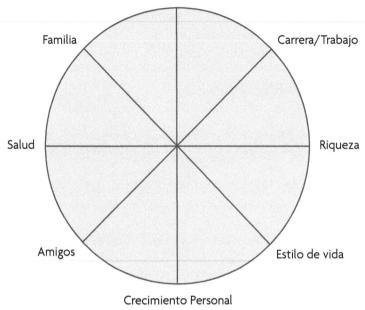

Entretenimiento o Diversión/Aventura

Familia

Carrera/Trabajo

Salud

Riqueza

Amigos

Estilo de vida

Crecimiento Personal

El primer paso es colocar un punto en algún lugar de la línea entre el cero (el centro) y el 100 (el borde exterior del círculo) para cada uno de los ocho elementos o radios escogidos. Por ejemplo, si estás completamente satisfecho con tu salud, coloca el punto en el borde del círculo; si sólo estuvieras satisfecho en un 50%, coloca el punto en la línea de la salud, a medio camino, entre el centro del círculo y el borde exterior. Haz esto para cada uno de las ocho dimensiones que escogiste.

Una vez que tengas los ocho puntos en su lugar, continúa y conéctalos. Puede que termines con algo parecido a la figura que se muestra a continuación:

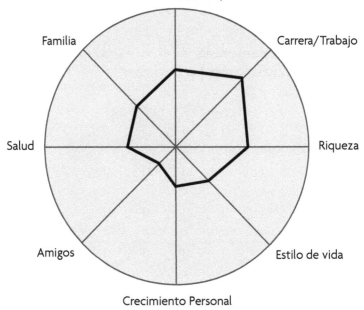

¿Cómo refleja la forma interna de tu rueda tu experiencia de vida en estos momentos?, ¿Cuán suave o agradable es tu viaje en el presente?

- ¿Qué sugiere tu rueda sobre dónde colocas tu enfoque en comparación con el resultado o la experiencia que más deseas?

- ¿Cuánto tiempo y energía dedicas a las diferentes áreas?

- ¿Cuál es la relación entre el enfoque y el tiempo dedicado a un área y la cantidad de satisfacción que experimentas en esa área?

- ¿Hay algún área en la que te gustaría experimentar una mayor satisfacción?

- ¿Qué micropasos puedes dar ahora para empezar a avanzar hacia el resultado que deseas obtener?

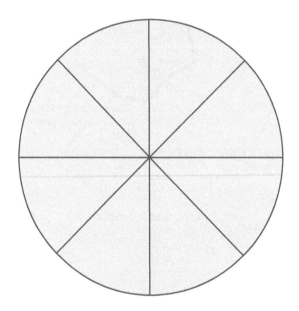

Los Símbolos Frente a la Experiencia

Considera la posibilidad de completar la columna de la izquierda de la tabla que se presenta a continuación para cada radio de la rueda que trabajaste anteriormente. He etiquetado la columna de la izquierda como *Símbolos* para representar las cosas tangibles en las que a menudo se centra la gente en sus objetivos de vida: *Si sólo tuviera (una cierta cantidad de) dinero;* o si tuviera la casa adecuada, el coche nuevo, un trabajo mejor, etc. Para algunas personas, incluso las relaciones pueden quedar relegadas al nivel de *cosa* o Símbolo—-piensa en aquellas personas que se esfuerzan por conseguir la relación *trofeo* perfecta—no por la calidad de la relación, sino por las ventajas que esperan obtener.

El punto aquí es delinear, tan sinceramente como puedas, aquello en lo que te enfocas en la vida, aquellas *cosas* que quieres o deseas más. Estas *cosas* van en la columna de la izquierda.

SÍMBOLOS	EXPERIENCIAS
Dinero o riqueza	
Casa	
Salud	
Juguetes (palos de golf, botes, etc.)	
Viajes	
Relación perfecta	
Trabajo	
Carrera	
Etc.	

En el ejemplo de la siguiente página, el dinero es una de las respuestas a la pregunta ¿Qué quieres? Dedica un poco de tiempo a reflexionar sobre la pregunta, ¿Por qué quiero esas cosas? ¿Qué espero que se haga realidad *si tengo el (trabajo, el dinero, la casa, etc.)?* Tu diálogo interno puede empezar con algo fácil y obvio, tal vez algo así: *Quiero más dinero porque así podría comprar más cosas, tomar mejores vacaciones, etc.*

Si miras más profundamente en tu interior, ¿cómo responderías en un diálogo con tu alma a esta pregunta?: ¿Qué experiencia o experiencias positivas asociarías con tener más dinero?

Deja que las respuestas surjan del diálogo con el alma y, luego, al tener las respuestas, coloca esas *experiencias* que buscas en la columna de la derecha. Tu cuadro podría ser algo así como la información que aparece en la siguiente página.

Convertir las quejas en soluciones

Detente un momento para pensar en un área de tu vida en la que te quejas a menudo, o quizá te has quejado en el pasado. Hay un par de posibles enfoques para este ejercicio.

Una opción sería escribir algo sobre el área de tus quejas a partir de las preguntas que siguen. Otra opción sería realizar un proceso sencillo de meditación, pidiéndole a tu diálogo con el alma que explore las posibilidades en las que pueden trabajar los dos juntos.

Con cualquiera de las dos opciones que escojas, sigue la cadena de preguntas que presento a continuación para detectar a dónde te lleva:

- Pregúntate en un diálogo interno: ¿Qué es lo que encuentras objetable, injusto, o que no te gusta?

- Imagínate: ¿Cómo sería si la situación cambiara?

- Pregunta en un diálogo con tu alma: ¿Qué pequeño (micro) paso podrías dar hacia esa mejora o cambio que esperas? Recuerda: *correcto en cuanto a la dirección, no en cuanto a la perfección.*

- La alineación entre el diálogo interno y el diálogo con el alma:

    ♦ ¿Cuándo podrías dar ese paso?

    ♦ ¿Lo harás?

SÍMBOLOS	EXPERIENCIAS
Dinero o riqueza	Libertad
Salud	Seguridad
Casa	Diversión
Carro	Entusiasmo
Juguetes (palos de golf, botes, etc.)	Felicidad
Viajes	Amor
Relación perfecta	Paz mental
Trabajo	Éxito
Carrera	

SÍMBOLOS	EXPERIENCIAS

○ Si es sí, ¿qué tal si das ese paso ahora mismo?

○ Si en este momento no es práctico, anótalo en tu calendario o cuaderno de notas; haz una cita contigo mismo para dar ese próximo micropaso.

• Fíjate en cómo te sientes al emprender una acción hacia el resultado que deseas.

• Da las gracias a tu diálogo interno por acompañarte en este punto.

Meditación para el Perdón

Si te encuentras juzgando, independientemente, de si el juicio se relaciona con otra persona o contigo, tómate un tiempo para calmarte o tranquilizarte, tal vez puedes hacer una respiración torácica. A medida que llevas a cabo un diálogo con tu alma en el aquí y el ahora, puedes practicar una forma diferente de perdón: el auto perdón.

Puedes practicar este ejercicio sencillo en cualquier lugar, ya que solo te llevará uno o dos minutos. Sin embargo, leer esta meditación es muy diferente a practicarla en la realidad, es decir, la práctica de la meditación es necesaria en este ejercicio; es muy parecido a la diferencia entre leer la etiqueta de un medicamento y tomarlo.

• ¿Qué es lo que tu diálogo interno juzga o critica de ti mismo o de tu vida?

• ¿Qué es lo que juzga o critica de los demás en relación con tu vida?

Una vez que te hayas calmado e invitado la presencia de tu verdadero ser, trae a tu mente a la persona o situación que estás juzgando o hacia quien sientes algún resentimiento. Empieza por permitir que tu diálogo con el alma hable y le diga estas palabras a tu diálogo interno:

Me perdono por juzgar a (nombre de la persona) por (la acción que hizo).
Me perdono por juzgarme a mí mismo por sentir o pensar (sentimiento o pensamiento negativo).
Me perdono por olvidar que ellos son, esencialmente, divinos/divinas.
Me perdono por olvidar que soy, esencialmente, divino/divina.

También puedes considerar utilizar esta meditación de perdón para otras situaciones de tu vida que te gustaría mejorar. ¿Estás juzgando algo en tu vida? ¿Tu trabajo o tu jefe? ¿Una relación personal muy importante o central para tu vida? ¿Tu salud?

• ¿Qué es lo que tu diálogo con el alma te anima a explorar o aceptar?

• ¿Qué diferencia podría existir si escucharas con más detenimiento a tu alma?

Intenta con esta meditación varias veces y descubrirás un total y nuevo nivel de libertad dentro de ti.

Cómo Transformar el Diálogo Interno en un Diálogo con el Alma

Comienza por describir un objetivo para alguna de las dimensiones de tu rueda que podrías o quieres mejorar. Puede ser cualquier aspecto, desde un cambio de carrera hasta un aumento en tus ahorros o un progreso en tu salud.

Una vez que tengas un objetivo en mente, crea un gráfico de dos columnas de los diferentes mensajes que tu diálogo interno y tu diálogo con el alma puedan tener para ti. Aquí te presento un ejemplo que puede servirte de guía para plasmar tu cuadro de diálogos.

DIÁLOGO INTERNO	DIÁLOGO CON EL ALMA
Jamás vas a hacer que esto funcione.	Soy creativo y puedo encontrar una manera de hacerlo.
¿Para qué te preocupas? La gente como nosotros nunca triunfa.	Siempre puedo encontrar como mejorar.
¡Idiota!	Soy una buena persona que comete errores.
Lo que me espera es, simplemente, muy difícil.	Solo tengo que dar un paso a la vez.
¿Estás bromeando? ¡No tienes la menor idea de cómo hacer esto!	¡Claro! Solo tengo que aprender un poquito más.

Entabla un Diálogo con el Alma antes de Elegir

Puedes utilizar este ejercicio en casi cualquier situación donde necesites hacer una elección o tomar una decisión. Puedes hacerlo como meditación o como ejercicio escrito.

Comienza identificando el área que quieres trabajar. Invita a tu verdadero ser, haz un diálogo con tu alma, y pide ayuda para trabajar el área escogida.

• ¿Qué resultado deseas obtener?

- ¿Qué aspecto tendrá cuando lo consigas?

- ¿Qué opciones o elecciones te imaginas podrían estar a tu disposición?

- Utiliza tu imaginación para visualizar que ejerces la opción A.

  ♦ ¿Qué aspecto tendría la situación si tomas esa elección? ¿Cómo se sentiría?

  ♦ ¿Cuál o cuáles podrían ser los resultados (considera tanto los posibles beneficios como las amenazas, los riesgos o los peligros potenciales)?

  ♦ Fíjate en cualquier crítica o resistencia de tu diálogo interno y toma notas en tu cuaderno.

- Repite el proceso explicado con cada una de las opciones o elecciones que hayas decidido trabajar.

- Cuando hayas terminado de visualizar o apoyarte en cada opción o elección, consulta con tu diálogo con el alma para obtener una guía o una recomendación.

- ¿Qué micropaso puedes dar para empezar a verificar la opción o elección?

- Haz un plan para completar o realizar ese primer micropaso.

- Planifica un tiempo para revisar tu progreso, puedes consultar a tu diálogo con el alma para obtener más información o mejores opciones.

Puede resultarte útil retomar el gráfico de la rueda de la vida. Esta vez elige un área en la que te gustaría experimentar un cambio para mejor en los próximos meses. Mientras te concentras en esa área, sigue estos sencillos pasos y observa lo que ocurre en tu interior.

1. Identifica el área de cambio o de mejoría que quieres trabajar.

2. Cierra los ojos durante unos instantes e imagina cómo experimentarías tu vida cuando esa área mejore.

3. Imagina que te sientes cada vez mejor de diferentes formas y en diferentes áreas: con esa zona que estás trabajando, contigo mismo, con toda la experiencia de vida que tienes en este momento. ¿Qué sentimientos percibes en esta visualización?

4. Imagina que ves cambios específicos, y puedes ver cómo será tu vida en esa área a medida que estos cambios se produzcan. Si los demás también pudiesen ver o notar la diferencia, ¿qué podrían ver a medida que avanzas y logras esos cambios? ¿Qué tipo de miradas puedes imaginar en sus rostros?

5. Imagina lo que escucharás cuando se produzcan estos cambios. ¿Qué diría tu diálogo interno? ¿Qué dirían las demás personas de tu entorno cuando hablen sobre las diferencias positivas que notan o experimentan en su relación contigo?

6. A medida que la visualización se vuelve más clara, crea una breve afirmación positiva en relación con los cambios. Habla como si los cambios ya se hubieran producido. Te presento a continuación una lista de pensamientos que te pueden servir como guía para diseñar los tuyos:

   a. Me encanta la forma sana, vibrante y enérgica en la que me siento al cuidar mi cuerpo, mi salud y mi bienestar personal.

   b. Me divierto y disfruto mucho a medida que yo _____.

   c. Experimento la gracia y la tranquilidad cuando yo _____.

   d. Cada día y en todos los sentidos, me siento mejor, mejor y mejor.

   e. Recibo un gran ingreso haciendo lo que me satisface.

   f. Aprecio lo que soy y las múltiples bendiciones que me rodean.

   g. Practica la visualización y la afirmación que creaste durante dos o tres minutos cada mañana, al despertarte, y, de nuevo, durante dos o tres minutos al acostarte, justo antes de quedarte dormido.

   h. Estás en libertad de regresar a las visualizaciones y las afirmaciones durante el día si así lo sientes.

   i. Escribe tu afirmación y colócala donde puedas verla durante el día: tal vez en el espejo del baño o en una tarjeta de presentación en blanco que puedas llevar en tu cartera o con tus llaves.

j. Y recuerda: nunca hagas nada hasta que, realmente, sientas que te apetece hacerlo.

Otros Recursos

Programas vivenciales:

- Insight Seminars

  ♦ Los temas centrales de los Seminarios Insight se enfocan en la toma de consciencia, la responsabilidad, la rendición de cuentas y la elección. Insight sigue ofreciendo programas como una organización educativa sin fines de lucro que opera alrededor del mundo. Más de un millón de personas han participado en los Seminarios Insight en los Estados Unidos, Gran Bretaña, Europa, Israel, Rusia, África, Australia y Sudamérica, donde han descubierto más de lo que realmente son y han encontrado formas de integrar esa expresión del verdadero ser en sus vidas diarias. Si lo deseas puedes obtener más información sobre Insight en las dos direcciones electrónicas que aparecen a continuación:

  ♦ www.insightseminars.org

  ♦ www.seminariosinsight.com.

- Movimiento del Sendero Interno del Alma

♦ El MSIA, por sus siglas en inglés, enseña el principio de la Trascendencia del Alma, y se centra en la toma de consciencia de uno mismo, tu verdadero ser y como alma en comunión con Dios. El alma es lo que realmente somos, por encima del cuerpo, los pensamientos o los sentimientos.

• Universidad de Santa Mónica

♦ La USM ofrece aprendizajes vivenciales centrados en el alma al desarrollar en los participantes la habilidad de convertir las experiencias de la vida cotidiana en los peldaños de la escalera hacia el despertar espiritual.

Libros

• *El Perdón: La llave del Reino—Forgiveness: The Key to the Kingdom,* por John-Roger

• *It's Not What Happens to You, It's What You Do About It* (No Es Lo Que Te Sucede, Sino Lo Que Tú Haces Acerca De Ello), por W. Mitchell

• *Man's Search for Meaning* (El Hombre en Busca de Sentido), por Viktor Frankl

• *Getting Things Done* (Organízate con eficacia), por David Allen

• *Workarounds That Work* (Soluciones Alternativas que Funcionan), por Russell Bishop

ACERCA DEL AUTOR

 **Russell Bishop,** el creador de los Insight Seminars (Seminarios Insight), es un reconocido experto en transformación personal y organizacional que ha ayudado a miles de personas alrededor del mundo a crear balance y éxito en sus vidas personales y profesionales. Es el socio director de Vivir en Consciencia (Conscious Living), donde entrena a personas y organizaciones sobre cómo establecer cambios significativos alineados con sus verdaderos propósitos en la vida. Sus seminarios, sesiones de coaching y consultoría proporcionan un nuevo enfoque para integrar la experiencia de bienestar con altos niveles de productividad. Más de dos millones de personas se han beneficiado de los programas diseñados por Russell Bishop. Además de dirigir su práctica de consultoría, fue Director Editorial de la sección de Living del *Huffington Post* y autor de *Workarounds that Work (Soluciones Alternativas que Funcionan)*. Russell reside en Santa Bárbara, California.

Lightning Source UK Ltd.
Milton Keynes UK
UKHW010822031022
409835UK00003B/527

9 798986 347219